U0677671

·东北大学技术哲学博士文库·

（第七辑）

名誉主编　陈昌曙　远德玉
主　　编　陈　凡　朱春艳

中国新型城镇化的技术选择探究

Research on the Technology Selection of New Urbanization in China

马德勇　著

by MA De-yong

东北大学出版社
·沈　阳·

ⓒ 马德勇　2022

图书在版编目（CIP）数据

中国新型城镇化的技术选择探究 ／ 马德勇著. — 沈
阳：东北大学出版社，2022.8
　ISBN 978-7-5517-3119-5

　Ⅰ. ①中… 　Ⅱ. ①马… 　Ⅲ. ①城市化－研究－中国
Ⅳ. ①F299. 21

中国版本图书馆 CIP 数据核字（2022）第 164895 号

───────────────────────────────

出 版 者：东北大学出版社
　　　　　地址：沈阳市和平区文化路三号巷 11 号
　　　　　邮编：110819
　　　　　电话：024-83683655（总编室）　83687331（营销部）
　　　　　传真：024-83687332（总编室）　83680180（营销部）
　　　　　网址：http://www.neupress.com
　　　　　E-mail: neuph@ neupress.com
印 刷 者：沈阳市第二市政建设工程公司印刷厂
发 行 者：东北大学出版社
幅面尺寸：170 mm×240 mm
印　　张：10. 75
字　　数：165 千字
出版时间：2022 年 8 月第 1 版
印刷时间：2022 年 8 月第 1 次印刷
责任编辑：郎　坤　刘振军
责任校对：刘新宇
封面设计：潘正一
责任出版：唐敏志

───────────────────────────────

ISBN 978-7-5517-3119-5　　　　　　　　定　价：50. 00 元

东北大学技术哲学博士文库第七辑编委会

名誉主编 陈昌曙 远德玉

名誉编委 关士续 刘则渊

主 编 陈 凡 朱春艳

编 委 （以姓氏笔画为序）

王 前 王 健 文成伟

田鹏颖 朱春艳 刘振军

张明国 陈 凡 陈红兵

罗玲玲 赵建军

秘 书 （以姓氏笔画为序）

陈 佳 赵 亮 程海东

总　　序

　　"东北大学技术哲学博士文库"在多方努力下终于出版了。这是东北大学文科建设史上的一件幸事，值得祝贺。

　　东北大学的科学技术哲学博士点自 1994 年开始招生以来，已有一批博士毕业。他们已经在《自然辩证法研究》《自然辩证法通讯》《科学技术与辩证法》等刊物上发表了一批文章，也有把论文补充修改成为专著出版的，但出书毕竟零散，机会也不多。文科博士论文的创新思想应当在刊物上发表，更为优秀者则应当作为专著出版。已经有不少大学出版了自己的博士文库。我们决定出版自己的博士文库，乃是步其后尘而已。

　　我们这个博士点是以技术哲学为主要研究方向的，因此名为"东北大学技术哲学博士文库"。出版这个文库的目的，一方面是为了保存和交流研究成果，经受社会检验，鼓励学术研究；另一方面也是为了博士生教育的制度化，推进学科建设。因此，并不是每一位博士的论文都可以成书进入本文库出版，进入本文库必须经过一定的评审程序。出于学科建设的需要，也将把博士生导师有关技术哲学的优秀研究成果纳入本文库出版，当然也须经过评审。

　　在中国，技术哲学的研究方兴未艾，已有一批博士的研究成果作为专著纳入本文库出版，这是一件令人高兴的事，但这仅仅是开始。希望有更多博士的研究成果面世，这是我们的期待。

　　出版博士文库需要有好的稿源和认真的编审，还需要有经费的支持乃至有人做组织工作。在本文库出版的时候，应该感谢佟晶石、丁云龙等同志，他们为筹措经费、搞好协调做了大量工作。东北大学出版社为文科学术研究的发展，在经费等诸多方面给予了大力的支持，在此一并表示我们的谢意。

陈昌曙　远德玉

2001 年 3 月 19 日

主编序语

哲学是人类认识世界、改造世界的重要工具，是建设社会主义物质文明、政治文明、精神文明、社会文明、生态文明的重要理论武器，在认识世界、传承文明、创新理论、咨政育人、服务社会的伟大实践中具有不可替代的重要作用。

肩负繁荣发展我校哲学社会科学的历史使命，伴随东北老工业基地振兴的铮铮鼓点，"东北大学技术哲学博士文库"以高举远慕的心态，慎思明辨的理性，执着专注的意志，洒脱通达的境界，已问世二十载，蔚为大观。这是东北大学哲人"爱智之忱"的精神产儿，是东北大学学子苦心孤诣的汗中之盐。

叶茂缘于根深，流长因为源远。哲学之于东北大学，可谓根深、源远。早在20世纪建校之初，东北大学确立的办学宗旨即"研究高深学术，培养专门人才，应社会之需要，谋文化之发展"，并荟萃了梁漱溟、杨荣国等一批著名哲学大师在东大校园创办哲学系，执鞭育英才，使得东北大学因此成为当时东北地区哲学人才最多、研究水平最高的哲学研究中心和人才培养摇篮。逝者如斯，哲学文脉得传承；历史硝烟，东大学子哲思绵……

沐浴着共和国清晨的曙光，新中国成立后，以著名哲学家陈昌曙教授和远德玉教授为代表的一代哲人，"自强不息，知行合一"，承前启后，继往开来，把马克思主义哲学观运用于"人与技术的关系"领域，批判汲取欧美技术哲学和日本技术论的研究成果，紧密结合中国国情和技术实践，确立了具有东北工业特色和工科院校特点的科学技术哲学研究方向，开创了中国技术哲学研究之先河。特别是在技术本体论、认识论、价值论和方法论等方面，创立了独具特色的技术哲学理论，被学术界誉为中国技术哲学研究的"东北学派"。

回首历史转折之年，东北大学于1978年组建自然辩证法研究室，1984年建立科学技术哲学硕士点，1993年创建科学技术哲学博士点，2004年成为教育部"985工程"科技与社会（STS）哲学社会科学创新基地，2007年被批准为国家重点学科，并获得哲学一级学科博士后科研流动站资格，东北大学科学技术哲学的学科建设与时俱进，蓬勃发展。"宝剑锋从磨砺出，梅花香自苦寒来"。几十年斗转星移、辛勤耕耘、春华秋实：一代又一代专家学者在这片沃土上播种，一届又一届博士、硕士在这个摇篮里成长，一批又一批青年精英在这块园地中成才。如今奉献在学人面前的"东北大学技术哲学博士文库"即历年精英之所存,历届精华之所在。

为体现东北大学哲学文脉的历史传承和与时俱进的理论创新,展示中国技术哲学"东北学派"的代表性研究成果,为国内技术哲学理论工作者特别是优秀博士研究生提供学术争鸣的园地,促进中外技术哲学的学术交流,新世纪伊始,陈昌曙教授和远德玉教授亲自主持"东北大学技术哲学博士文库"(第一辑)的编纂和出版,极大地激发了广大青年学者的学术热情,促进了东北大学科学技术哲学的学科建设,提高了东北大学科学技术哲学博士点在国内的学术影响,增进了东北大学与国内外学术界的交流,谱写了学校哲学社会科学学科建设史上的新篇章。

二十年来,"东北大学技术哲学博士文库"已先后出版六辑,共60部。新一代东大学人继续编纂出版"东北大学技术哲学博士文库"(第七辑),旨在秉承陈昌曙教授提出的研究纲领,即突出特色——保持在全国同类学科中技术哲学的优势地位;加强基础——不断提高科学技术哲学研究的理论水平;促进应用——注重国家和地方经济社会现实问题研究;扩大开放——增强与国内外学术界的交流合作;不断创新——与时俱进,适应时代发展的新要求。我们将进一步发扬博采众长、汇融百家的开放精神和严谨求实、勤奋钻研的创新精神,展示东北大学青年才俊的学术风采,加强学科与学术队伍建设,促进新生学术力量的成长,使"东北大学技术哲学博士文库"的出版,能与东北大学哲学社会科学的学科建设和中国技术哲学研究的理论创新协同发展。

创造和培育哲学文化精神,需要历代哲人的学术传承与开拓创新;壮大和发展中国技术哲学研究的"东北学派",也需要东大学子的著书立说和与时俱进。东北大学科学技术哲学研究中心将进一步发扬光大"天行健,君子以自强不息;地势坤,君子以厚德载物"的传统文化精髓,努力为博士精英、青年才俊创造展示学术才华、发表真知灼见的学术园地,为繁荣我国哲学社会科学事业作出新贡献。

陈 凡 朱春艳

2021 年 10 月于沈阳南湖

前　言

　　学术界普遍认为城镇化是不可避免的历史过程，是发展中国家实现现代化的必由之路。目前，中国城镇化的实践出现诸多矛盾和冲突，需要在实践中不断地总结新的理论，进而继续指导实践。因此新型城镇化的理论研究，对于新型城镇化的实践具有重要理论指导意义。新型城镇化需要技术支撑，有些技术对于新型城镇化目标的实现、解决城镇化现实矛盾具有关键作用，因此需要进行技术选择。技术的选择不仅要从技术体系本身的发展逻辑去思考，还需要运用社会建构论的观点，从政治、经济、社会、文化等不同角度来评估。因此，本书研究对于科学技术与社会（STS）研究具有理论意义和实践价值。

　　新型城镇化的技术选择，需要从新型城镇化的内涵出发，弄清新型城镇化的新需求、新目标是什么，以确定技术如何支撑这些新目标的实现。新型城镇化是以城乡统筹、城乡一体、产业互动、节约集约、生态宜居、和谐发展为基本特征的城镇化；强调的是城乡融合及农村的城镇化进程，并非大中小城市的城镇化；主要目的是实现人口的城镇化，解决城乡协调发展的问题；最高目标是消灭城乡二元化，农村与城市无差别（为人民提供同等质量的美好生活），甚至颠覆城镇化原本的概念内涵。

　　首先，确定新型城镇化技术选择的原则。新型城镇化的建设目标与现实存在巨大差距，因此，新型城镇化的技术选择，除了遵循技术选择的一般原则之外，需要直面中国传统城镇化遗留的问题与矛盾，有助于解决新型城镇化面临的现实矛盾和困境，这正体现了社会对技术的建构。

　　其次，新型城镇化技术选择的社会建构路径分析，可以是意识形态论的，也可以是文化论的。本书采用价值论的路径，分析新型城镇化新目标所内含的价值，剖析这些价值与传统城镇化价值的不同，这恰恰是实践中产生问题与矛盾的原因所在。由此形成新的评价标准，作为技术选择的价值基础，符合新型城镇化技术选择的根本原则，以支撑新型城镇化这一实践活动的目标实现。

　　对新型城镇化的价值主体进行扩展，以此确立新型城镇化的价值主体体系，所有价值主体利益的统一才是新型城镇化进程中主体需求的满足。尝试建立相对客观的评价标准，符合主体的本质、存在和内在规定性尺度。将"和谐"作为新型城镇化评价人与人之间社会价值的标准，将"绿色"作为评价人与环境组成的生态系统之间生态价值的标准，将"智能"作为评价人与经济发展资源配置之间功效价值的标准。

然后，基于新型城镇化价值评价标准，选择城镇综合规划技术、绿色技术和智能化技术作为支撑新型城镇化的重点技术领域，其中城镇综合规划技术为纲，绿色技术为本，智能化技术为魂，新型城镇化的实现需要这三大技术领域的合力作用。

城镇综合规划技术以满足人的和谐的社会生活为标准，既需要通常所指的可操作的硬规划技术，又需要来自社会科学或者表现形式就是知识、权力、话语、真理的软规划技术。以绿色建筑技术为主体的绿色技术系统还包括节能、节水、无害化等技术，形成一个整体的生态技术系统，来满足生态环境绿色的价值标准。智能化技术贯穿于城镇化的过程中，与城镇综合规划技术、绿色环境技术等有机融合。智能化技术的运用将有效提高新型城镇化的智能规划、智能建设、智能管理、智能生活，达到资源的最佳配置，实现功效价值赋予。

最后，以辽阳市辽阳县新型城镇化发展为例，讨论新型城镇化过程中技术选择的实践。提出以三大技术为引领的重点技术领域，是支撑实现新型城镇化的可行路径之一，分析了技术发展的应然状态与辽阳县现实状态的不同，由此得出中国新型城镇化的技术尚处于未成熟的发展阶段。

2022年6月

目　　录

第一章

绪　论

第一节　选题背景及研究意义

一、问题的提出

城镇化是工业化、现代化的必然结果。世界上发达国家的城镇化已经基本达到90%的稳定状态。西方国家的城镇化道路产生了许多严重的问题和矛盾，诸如环境恶化、贫富悬殊、自然资源枯竭等，经过数百年的调整，才逐渐缓解了这些矛盾。20世纪以来，原本主要属于农业社会的拉美地区，在欧美影响下形成了另一种城市化模式。起点低而速度快、机械模仿欧美模式、城市化过度（即城市人口增长和城市经济发展失衡），导致的各种城市问题和危机，是拉美地区城市化进程的主要特点。这些问题在非洲、亚洲等国家和地区普遍存在，是很值得研究和关注的一种模式。新中国的城镇化之路，经历了计划经济和经济体制转型两个不同阶段，虽然在后一阶段城镇化步伐明显加快，但城镇化的水平与质量都迫切需要提高，并且在城镇化的进程中也出现了环境、人口等诸多问题，特别是存在着城乡和城市内部的发展不平衡问题，中国有约1.3亿的"农民工"及家属，在工作和生活条件上仍处于"半城市化"阶段。从中国城镇化的现实来说，针对传统城镇化对人的价值和社会建构的忽视，需要正视新型城镇化究竟是为谁的城镇化。

因此中国不能完全照搬别的国家的城镇化做法，在这样的世界环境背景下，我们国家提出必须走"新型城镇化"道路。

新型城镇化的价值评价标准发生了怎样的变化呢？人作为主体，人的内在尺度决定了价值尺度，新型城镇化的价值随着主体尺度的变化也发生相应变化。过去我们把工业化当作经济建设努力实现的目标，工业化的趋势是城镇化；而现在我们不仅仅把新型城镇化作为工业化的趋势和结果，更是先把其明确为最终的目标，将包括工业化在内的其他"三化"作为实现城镇化的手段。这意味着我们更明确清晰地认识到，工业化是实现国富民强的路径，但它不能代表一切，更不能以实现工业化为目的而以牺牲生态环境、农村人口利益等为代价。无论是工业化还是城镇化，最后要实现的都是人的幸福美好生活，这是最终目标也是最高目标。

党的十八大之后，"新型城镇化"这一热度曾经极高的词逐渐淡出了人们的视线，党的十八届三中全会的《公报》却突出提到了"城乡一体化"这个概念。对于新型城镇化问题讨论的热点，从国家的决策层到学者们的认知都发生了极大的变化。2014 年 3 月 16 日，《国家新型城镇化规划（2014—2020 年）》正式公布。虽然存在一系列的变化，但我们仍能看出政府对新型城镇化势在必行的决心，可是对新型城镇化到底如何推进，具体的路径为何却没有明确的指引。

新型城镇化作为现代化的重要进程，是具有丰富技术含量的实践活动。目前，有关新型城镇化的理论探讨，经济学者、社会学者和城镇规划学者论著较多，科学技术哲学界较少涉及。新型城镇化的实现需要技术的支撑。对于新型城镇化技术的讨论大多散见于不同的技术领域，如规划技术、建筑技术、城市基础设施建设技术、交通技术、绿色技术、智能技术等。有些研究则是从宏观的角度讨论技术进步与新型城镇化的关系，并未聚焦于专门的新型城镇化技术。2017 年 11 月 9 日，由国家发展和改革委员会与清华大学共同指导、清华大学中国新型城镇化研究院主办的第二届中国新型城镇化理论·政策·实践论坛在清华大学举办。在会上，学者们提出了在理解党的十九大报告有关中国城镇化工作的战略安排时，需要探讨城镇化重点领域和关键技术的最新研究进展[1]。那么，一个综合性的城镇化技术体系中，哪些是重点领域，哪些是关键技术？

对这些问题的讨论尚处于探索阶段，到目前为止，并没有人提出明确的答案。本书认为有些技术对于新型城镇化目标的实现更具有重要作用。对这些技术领域的确定属于技术选择研究的问题，涉及选择的依据、选择的原则和选择的标准。由于新型城镇化是一个复杂的社会实践，其技术选择的依据不仅要从技术体系本身的发展逻辑去思考，还需要运用社会建构论的观点，从政治、经济、社会、文化等不同角度来评估，所以本书研究属于科学技术与社会（STS）研究领域的热点问题。

首先，确定什么是新型城镇化技术选择的原则。其次，确定分析的视角和具体的分析路径，由此形成新的选择标准。最后，确定新型城镇化重点技术领域。由于技术只是实现新型城镇化的手段，为此必须探讨新型城镇化目标的内涵，以及它的价值赋予。

新型城镇化的"新"具体为何含义？新型城镇化概念有什么新的价值赋予？新型城镇化价值体系具体包含哪些内容？为了实现新型城镇化，基于此价值评价标准，应当选择哪些技术作为解决主要矛盾的技术？为什么说这些技术对解决新型城镇化现实矛盾，实现新目标具有重要的、关键的作用？本书试图以价值论的探讨为研究视角，运用现实主义的本体论和认识论，在充分肯定新型城镇化的现实合理性的基础上，探讨其与传统城镇化相比的科学性和合理性，选择一些技术领域作为支撑新型城镇化目标的重点技术领域，以辽阳县新型城镇化的探索实践为例，对如上问题做出研究、探索，尝试找出符合现实国情和地域特点的新型城镇化技术发展之路。

二、研究的意义

1. 理论意义

新型城镇化理论，自21世纪初有学者提出到党的十八大上升为治国之策，提出了中国新时期城镇化的新理念，经历了并不长的时间阶段的实践。目前，中国新型城镇化的实践出现诸多矛盾和问题，需要在实践中不断地总结新的理论，进而指导下一次实践。因此，新型城镇化的理论研究对新型城镇化的实践具有重要理论指导意义。

本书试图运用 STS 理论分析新型城镇化技术的选择问题，认为技术选择的依据不仅要从技术体系本身的发展逻辑去思考，还需要运用社会建构论的观点，从政治、经济、社会、文化等不同角度来评估。选择的原则是有助于解决现实的困境和主要矛盾，并从价值论视角和分析路径来探讨新型城镇化内涵的价值，由此确定新型城镇化技术选择的标准。因此，本书研究丰富了科学技术与社会（STS）技术选择研究，具有重要的理论意义。

2. 现实意义

新型城镇化，是政府非常关注的重大问题，从党的十八大到党的十八届三中全会，再到《国家新型城镇化规划（2014—2020年）》正式公布，无不显示着政府对新型城镇化的重视和决心。从世界现代化发展的规律来看，中国这个农业人口大国，城镇化的步伐加速已经势在必行，并且根据中国的国情，还有很长的路要走。并且在中国新型城镇化之路上，因为历史因素、中国目前的发展阶段等势必要面临许多的困难，这些因素决定了中国要将几亿农村人口变成城里人，城镇化规模之大、影响之广，必将是一项长期而艰巨复杂的任务。

中国"新型城镇化"应如何推进，目前并没有明确、可行的统一路径，只有在实践中逐渐摸索前行，先行者会面临更多的机遇与挑战。需要研究者深入到新型城镇化实践的内部去揭示这一现象的意义，不断为新型城镇化这一人类实践活动指明方向和确立不同时期的新目标。本书选题以辽阳县新型城镇化实践为例，是基于具体国情、具体地区的实际情况做出的探索，为中国新型城镇化道路提供了实践的支撑。本书尝试运用 STS 理论，确定技术选择的原则、技术选择的价值分析路径，建立技术选择的评价标准，提出三个重点技术领域，为中国新型城镇化的实践提供切实的工具和手段。因此，本书研究对于中国新型城镇化的发展具有针对性的指导意义。

第二节 国内外相关问题研究综述

一、 国内研究综述

1. 对新型城镇化理论与实践的研究

如何实现新型城镇化及实现过程中要面对的一系列问题，目前的研究可以分成两部分：一部分是从理论角度对新型城镇化的系列问题进行探讨，包括新型城镇化与生态文明的关系，新型城镇化将要面临的问题，总结原有城镇化出现的问题，尝试提出新型城镇化之路应该怎么走等；另一部分是从实践的角度来验证新型城镇化的过程中存在的问题及未来的可行之路。

第一，从理论角度对新型城镇化的系列问题进行探讨。

从理论角度对新型城镇化问题进行研究大致可以分为两部分：分析城镇化存在的问题及新型城镇化要面临的新问题。住房和城乡建设部原副部长仇保兴认为，中国城市化进程中城市发展模式面临转型。新型城镇化给中国的城市发展带来机遇和挑战。如何理解并解决中国的"三农"、能源、环境、机动化等问题，应侧重从六个方面突破：从城市优先发展的城镇化转向城乡互补协调发展的城镇化，从高能耗的城镇化转向低能耗的城镇化，从数量增长型的城镇化转向质量提高型的城镇化，从高环境冲击型的城镇化转向低环境冲击型的城镇化，从放任式机动化的城镇化转向集约式机动化的城镇化，从少数人先富的城镇化转向社会和谐的城镇化。

中国城市和小城镇改革发展中心课题组通过对中国城镇化历程的分析，得出影响城镇化进程的多方面原因，其中最为关键的，一是长期累积的城乡二元结构形成了固化的利益格局，二是城镇公共服务等级化和区域化的格局使得城镇化发展面临的新的矛盾不断增多，使改革的任务日益艰巨。课题组认为中国城镇发展离不开以下相关改革的推进，即户籍制度改革、城镇行政管理体制改革、土地制度改革、农民工市民化进程等相关配套改革[2]。

从多个角度探讨新型城镇化应如何实施。沈清基将生态文明与新型城镇化结合起来，提出了基于生态文明的新型城镇化发展的若干重要议题，包括城镇化与生态文明建设协调发展内涵及关系，建构生态文明与新型城镇化协调发展状况评价体系，基于智慧的城镇化，基于生态文明的新型城镇化的创新追求；并探讨了大地共同体、生态现代化和智慧城镇化对具有中国特色的新型城镇化的若干启示[3]。也有学者提出通过构建新型城乡关系来推进新型城镇化。通过走一元发展之路，消除城乡二元结构；走结构协调之路，重构现代新型城乡关系体系；走平等共享之路，推进城乡共同建设；走多样性和谐之路，重构城乡协调差异系统；走政府主导、群众主体、市场运作、合力推进的城市化道路[4]。

著名经济学家厉以宁认为，中国不能效仿西方的城镇化道路，因为西方已经出现了城市病——城市变成污染源，有钱人从城市迁出，出现了逆城市化。中国的城镇化应该通过改造老城区并建设新城区以及新社区的方式来进行。老城区应该迁出污染企业，发展商业和服务业。新城区的建设则通过在城市周边的工业园区内引入民营企业、个体工商业实现。而新社区则通过改造社会主义新农村，通过发展绿色经济，增加公共服务实现[5]。而田静在深入理解新型城镇化内涵及特征的基础上，建立了由 3 大系统，8 项子目标，45 个指标构成的新型城镇化评价指标体系。力求系统表现新型城镇化"经济高效、功能完善、环境友好、资源节约、城乡统筹、社会和谐、管理有序"的内涵目标，有助于用量化的方法对新型城镇化的程度、速度、质量、协调性等进行全面系统的监测和评估，为新型城镇化战略的制定提供了科学依据[6]。

2013 年 12 月，城乡一体化建设发展中心副主任宋健坤，在为英国《金融时报》中文网所撰《从城镇化到城乡一体化》一文中，解读了党的十八届三中全会上中央最高决策层对"新型城镇化"的最新政策。

宋健坤认为，从党的十八大到党的十八届三中全会，新型城镇化问题讨论的热点出现了转化：认识由感性上升到理性；讨论也从对城镇化的表面性质的理解，逐步过渡到对中国实现城镇化条件的探讨；最终集中在城镇化的任务构成与实现路径这两大主题。"城镇化"是中国缩小城乡差别的社会实践过程，"城乡一体化"是中国进行缩小城乡差别的社会实践所要追求并且实现的最终战略目标。未来中国的城镇化面临三大使命：消除"二元结构"社会、建立"新型土地"制度、实施"社会改造"工程。而消除"二元结构"社会是中国实施城镇化的三大使命之首。中央坚定确立实施面向中小城镇来吸纳农村人口的发展城镇化的新路径。它标志着未来农村人口的主要消纳路径是"就地解决"，而不是搞所谓扩大城市规模来接纳农村人口并实现其"华丽转身"，这是中国在国家发展战略层面对路径的新明确[7]。2014 年 3 月 16 日，《国家新型城镇化规划（2014—2020 年）》正式公布。《规划》提出一个从 2014 年到 2020 年的大规模建设计划，涵盖交通网络、城市基础设施和住宅房地产。在承诺让中国的城镇化进程更加注重"以人为本"和"生态文明"的同时，《规划》也明确以提振整体增长为目标。《规划》宣告内需是中国经济发展的根本动力，扩大内需的最大潜力在于城镇化，2.6 万字的新型城镇化方案虽面面俱到，但却远说不上足够，它是中国决策者颇为宏观的对新型城镇化的一个解读，新型城镇化的具体路径及方式并没有具体给出。

　　而在 6 天后也就是 3 月 22 日的一场会议论坛中，中国高层发展论坛的主题之一是"包容而可持续的新型城镇化"，施耐德电器、美国联合技术建筑及工业系统集团和 UL 集团的三位企业家试图为中国城镇化问题提供微观的解决方案。美国联合技术建筑及工业系统集团总裁戴杰儒对中国城镇化问题的解决颇为乐观，他认为"中国的城镇化将是人类历史上规模巨大的转型"，而帮助这个转型成功的则有可能是绿色节能的建筑。施耐德电器总裁赵国华针对城镇化过程中资源紧张的问题，给出一个"用技术带动智慧城市（Smart City）发展"的微观能源解决方案。UL 集团总裁伟廉仕带来"注重室内空气，不要建设有害建筑"的提议，作为一家专注于与人类生活相关各类产品安全标准研究的企业，伟廉仕关注中国室内空气质量及对能源的消耗。

　　《规划》规定："严格控制"特大城市规模，引导劳动力向中小型城市迁移。这一规定不同于 2013 年 11 月党的十八届三中全会提出的让市场（而非政府）在资源配置中起"决定性作用"，还会加大实现生产率增长的难度。卡内基国际和平基金会高级研究员黄育川认为，问题源于起草者不得不在城市、省级官员和中央机构的不同利益之间寻求折中。规模较大的城市与较小的城市在增长和融资需求上有不同的利益关切，而省级和中央的政策制定者对于促进地区平衡发展看法各异[8]。和官方批准的新规划不同，"包容而可持续的新型城镇化"主题会议中，由国务院发展研究中心和世界银行（World Bank）推出的联合报告认为，城市规模不应被控制，而是应该允许它对市场力量作出反应。

到底中国"新型城镇化"应如何推进，目前并没有明确、可行的统一路径，只有在实践中逐渐摸索前行了，正因如此，先行者会面临更多的机遇与挑战。

第二，从实践的角度来论证新型城镇化过程中存在的问题及可行的路径。

中国的一些省市如河南省、陕西省、重庆市等，在新型城镇化的实践道路上取得了许多可借鉴的经验。冉启秀、周兵以重庆市全国统筹城乡综合配套改革试验区为例研究发现，重庆市及其各个区县工业化和城镇化发展不协调，从事农业生产而没有在第二、三产业就业的人口也聚集在城镇，造成城镇化率偏高，而绝大多数区县工业化发展又没有推动城镇化进程。提出通过加快具有竞争力的产业和新型工业化的发展；建立统筹城乡一体的就业体制，大力推进农民工待遇的平等化；加强职业教育；建立统筹城乡的社会保障制度，实现加快新型工业化和新型城镇化协调发展[9]。同样是以重庆为研究样本，2012 年吴江和申丽娟运用主成分回归分析方法对重庆新型城镇化路径选择的主要影响因素进行实证检验和判断。通过研究发现，产业提升和充分稳定的非农产业就业机会是城镇化的重要条件与保障。城乡分离的户籍制度、就业政策、市场体制以及经济社会失衡发展等已经成为重要屏障[10]。牛晓春等基于对新型城镇化的本质内涵及其特征的考辨，建立由人口、经济、基础设施、生活质量、生态环境、城乡统筹发展诸因素构成的新型城镇化评价指标体系，运用信息熵技术支持下的层次分析法（AHP），以陕西省 10 个省辖市为例进行实证分析。结果表明，陕西省新型城镇化综合水平区分为 5 个等级类别——最高、较高、中等、较低和最低，区域差异呈现为陕北较高，陕南较低，关中突出的现象。不同城市新型城镇化评价因素之间、相同城市的各评价因素之间皆存在水平上的差异，发展不均衡[11]。张占仓等在理论界研究新型城镇化实践及发展对策的讨论中，形成了一些新的重要观点，特别是提出了新型农村社区建设是新型城镇化建设的切入点和结合点的观点。在建设中原经济区过程中，河南省提出以新型城镇化引领"三化"（新型城镇化、新型工业化、新型农业现代化）协调科学发展的重大科学命题，并且已经在很多市县进行了初步探索，找到了切实可行的路子，为当地农民带来了非常可观的经济利益，引起了全国学界、政界高度关注[12]。有的学者以江苏省宿迁市为例，探讨新型城镇化的五个导向，为中国的新型城镇化道路提出启示：以"市场主导"理念，发展特色经济，优化地区产业配置；以"集群主导"理念，发展地区工业，发挥企业集群优势；以"环境主导"理念，建设新型中心城区、工业新区和农村新社区；以"创新主导"筹集建设资金，开拓地区融资渠道；以"人本主导"理念，改进工作方法，实现居民安居乐业[5]。

2. 对于城镇化价值相关问题的研究

城镇化建设是人类社会实践活动之一，作为价值主体的人，所从事的活动是否符合人类生存与发展的需要，是判断这一实践活动的正确性与否的重要标志。中国很多学者都意识到了，中国传统城镇化中存在诸多问题和矛盾，必须加以分析和改正，而从价值论角度对传统城镇化问题进行切入并加以解决是正确的方式。其中一部分学者从价值论角度研究中国城镇化的发展历程，提出问题，找到问题的本质，进而对新型城镇化起到借鉴作用；也有一部分学者以城镇化为大背景，研究某一方面的价值问题；还有一部分学者针对党的十八大提出的新型城镇化这一议题，以人为主体，对如何实现"化人"进行研究。

第一，从价值论角度研究城镇化的发展。

刘宝福等从中国城镇化进程中的问题入手，从价值论角度分析存在的诸多问题，如物的城镇化、人口数量的城镇化、形式的城镇化、黑色的城镇化等。并且认为价值主体是多元化的，城镇化解决人的问题不仅仅包括现有城市户籍的人，还包括农民工、农民工家属以及所有外来人口；这样就需要相应多元化的价值观念，因此他们提出新型城镇化应以人本、公正、和谐、包容为价值指导理念[13]。陈永亮和陈士勇认为中国传统城镇化被误读了，主要原因就是价值理性的缺失。人被工具化，传统城镇化是土地的城镇化，忽视了人的主体地位。而中国提出的新型城镇化之路，恰恰是价值理性的复归。新型城镇化的发展应该以人为本，在新型城镇化的进程中让农民工真正市民化，当然这需要顶层设计打破传统利益格局[14]。赵峥认为，一个国家的城镇化水平与国家的发展水平息息相关，因此他将城镇化发展赋予了多维价值。从战略的选择到经济发展动力，从解决"三农"问题到构建和谐社会，从促进区域均衡发展到参与全球经济治理，他认为中国的城镇化承载着如此多的经济和社会价值，对国家发展具有重要的意义[15]。马健在论证了城镇化是中国经济和社会发展的必然产物及当前新型城镇化的重要性之后，提出中国城镇化建设存在价值取向的偏差，这也是中国城镇化发展过程中问题的根源所在。重"形式"轻"实质"，导致城镇化的实际影响与表面的迅速发展不相符；重"速度"轻"质量"，造成诸多"形象工程"，而农民并没有真正变成市民；重"发展"轻"管理"，使得公共服务和社会管理出现问题，严重滞后；并提出了解决的思路[16]。王勇在对新型城镇化战略布局的主战场——中小城市进行研究时，对"价值"建构了一个价值定位、价值实现与评估组成的模型。他认为中国中小城市新型城镇化建设面临各种挑战，都要基于这一价值模型加以解决，他还特别强调社会文化在中小城市城镇化过程中的重要作用[17]。还有学者从"空间正义"角度来探讨中国城镇化的价值取向，他们强调"城镇"也是一种空间，这个空间的正义就是要保证所有人的利益，既包括当代人又包括后代人，而公众参与城市规划、政府形成正义的城镇化公共政策是这一问题的主要实现机制[18]。

第二，以城镇化为大背景对某一层面的价值问题进行研究。

有学者以城镇化为背景探讨城镇化视角下的乡村文化的价值。

韩文军认为，研究乡村文化的价值对于社会主义文化价值、农村经济建设的道德论证都具有重要的意义。但中国乡村文化的现状不容乐观，存在着各种问题，受到城市文化的巨大冲击，乡村文化资源配置无法满足农民文化需求，农村道德规则的碎片化都是乡村文化价值实现的重大障碍，需要制定一系列的乡村文化机制，文化价值重建是一个系统工程[19]。范欣、杨静认为，乡村文化价值在城镇化进程中受到冲击，需要整合与建构。他们提出乡村文化起源于农耕文明，但在城镇化过程中，受到工业化和现代化的冲击，乡村伦理文化不再规范，而作为乡村文化主体的乡村人的流失也使得传承主体不复存在，乡村文化的重建需要村民们的共同努力[20]。

也有一些从事建筑与规划行业的学者对城镇化背景下的城市规划与设计的价值相关问题进行了研究。李迎成与赵虎以西方经济学"次优理论"为理论工具，对中国新型城镇化背景下的城市规划价值取向进行了研究。受次优理论的启示，他们认为当今的城市规划价值取向要强调"包容"，基于中国特色的市场经济特点，提出中国的城市规划价值取向应是满足部分条件下的次优包容，应该是一种主动的、适度的和动态的理性包容[21]。田宝江则从城市设计历史发展的角度来研究新型城镇化对城市设计的影响。新型城镇化为城市的设计带来了新的影响和新的要求，城市设计的核心价值也随之发生了转变。城市设计以系统生态观为理念，重点突出塑造空间、提高空间质量，那么就需要建立和制定空间生产机制，满足人的使用需求[22]。

也有学者以新型城镇化为背景，研究社区的相关价值。许丽斌把社区体育服务作为研究对象，通过对从农村发展来的新型城市社区体育文化活动进行研究，分析新型城市社区体育文化价值取向存在的问题，并提出解决的对策。许丽斌认为新型城市社区体育活动应该强调以人为中心的价值取向，并辅以引导，倡导社区体育的终身教育[23]。高万辉以大城市边缘社区的公共空间为研究对象，认为城市边缘社会区域是城市发展的敏感区。中国大城市边缘社区公共空间在城镇化的进程中，社会价值发生了转变。社区公共空间价值需要重塑，其营造的价值理念本质上强调的是空间公正性与社会公平性的统一[24]。

第三，从强调化"人"的角度对新型城镇化进行研究。

党的十八大之后，中国提出了要发展新型城镇化，将其作为中国经济增长的主要动力，特别提出，城镇化"化"的是人。有部分学者即从这个角度对新型城镇化的内涵、价值、路径等问题进行探讨，试图为中国新型城镇化之路的探索打下理论基础。江波将"化人"的城镇化概括为"以人为核心"的城镇化，强调城镇化不应仅仅是人的转移，更应该以提升造就人的幸福为最终目标。从分析"以人为核心"的城镇化内涵入手，对传统城镇化进行了深刻反思，提出城镇化应该是"环境-个体"交互作用；以此为鉴，新型城镇化应追求的是满足人的提升的幸福城市，并从心理与文化适应角度提出，政府、社区、组织、个体共同作用以提供支持[25]。毛小扬从中国城镇化的独特内涵入手，提出确立"以人为本"的价值坐标。他分析了中国城镇化的发展历程，提出要确保城镇化以人为本的发展方向，必须有严格的考核方式加以保证。如何优化人员的配置，建立高效的人才队伍，资本有效利用、三农关系、户籍制度三个方面的问题兼顾是实现的前提[26]。王洪元认为，中国传统的城镇化忽略了人的城镇化，人作为主体的作用被忽视了。党的十八大提出的新型城镇化之路，是围绕人的价值展开的，是为人服务的城镇化。人本主义的回归是中国城镇化的新路径，既要以人为主体，又要考虑人和自然的关系，人对自然的破坏最终都会反作用于人类[27]。袁建新、郭彩琴从新型城镇化的认识价值角度解读以人为本。他们认为新型城镇化应区别于之前的土地城镇化，是"化人"的城镇化。理解党的十八大报告精神，对新型城镇化的认识价值可以理解为强调人的主体地位与价值，强调质量、强调多要素互动关系的城镇化。这样的城镇化才能满足中国人发展的需要，才能实现"人的城镇化"[28]。

3. 对于城镇化与技术相关问题的研究

将"城镇化"与"技术"两个词作为篇名同时进行搜索时，可以查到的文章只有100多篇，这些文章大致可以分为三类：一类是城镇化背景下的技术进步问题研究，这一类多是从经济学角度进行研究；一类是对城镇化进程中某一方面的具体技术进行研究；还有一类是结合某一地区的具体实践对城镇化背景下的技术集成的应用与发展的研究。

第一，对于城镇化与技术进步的相关问题研究。

有学者从技术进步与城镇化及产业结构之间的关系角度进行研究，而这类研究中大多数都是从经济学层面展开的。胡春林以历年《江西统计年鉴》的数据为基础，对江西省城镇化进程中的技术进步与产业结构变迁进行了实证研究。他采用 Solow 余值法估算模型对技术进步加以研究测算，又对得出的数列做了格兰杰因果检验，发现技术进步是产业结构变迁的重要推力，也是这种以工业化为内容的变迁推动了城镇化的发展[29]。马侃应用经济学的产业结构优化理论和内生技术进步理论，分析技术进步对中国新型城镇化的影响，构建了"动力""质量""公平"三个维度，针对具体地区的实践采集数据，运用向量误差修正模型对山西省新型城镇化过程中的问题进行分析，并提出了提升新型城镇化的质量需要从产业结构、技术进步、城镇化发展三个方面共同考虑[30]。叶晓东、杜金岷与马侃不同的是以技术进步为视角，对新型城镇化与经济增长之间的关系进行研究。他们的研究限定在新古典经济学分析框架内，对中国的经济增长现状进行分析，以索洛模型为基础，对技术进步提高经济增长率进行验证；提出中国城镇化形成的二元结构会对区域创新能力产生极大影响，这也是城镇化无法可持续发展的症结所在[31]。胡雪萍、李丹青用实证的研究方法对技术进步与新型城镇化及城镇化过程中的就业问题进行了研究。他们利用省级面板数据，对 2008—2013 年中国城镇化发展过程中技术进步对就业的影响程度进行了研究，发现新型城镇化对就业的影响是正向的，还要通过自主创新和技术引进来促进就业结构优化[32]。朱万里和郑周胜对中国城镇化的水平与技术进步及碳排放之间的关系进行了实证研究。他们以甘肃省的相关数据为研究基础，提出倒"U"形的环境库兹涅茨曲线假说，但验证的结果推翻了此假说，并认为技术水平与碳排放量之间为负相关[33]。赵永平和徐盈之也用实证的研究方法对中国新型城镇化与技术进步及产业结构之间的关系进行了研究。他们采用的是

2000—2012 年全国 30 个省份的面板数据，将全国样本分成东部、中部和西部进行考察。选取新型城镇化的综合指标，构建评价体系，突出新型城镇化"以人为本"的理念，从空间层面对产业结构、技术进步与新型城镇化之间的关系进行研究[34]。

也有学者专门将农业技术进步与城镇化相联系对相关问题进行研究。有学者将农业技术进步、新型城镇化与农村剩余劳动力的转移联系在一起进行研究，采用动态面板系统 GMM 对三者之间的关系进行实证研究，得出农业技术进步形成的"推力"和新型城镇化形成的"拉力"对于促进农村剩余劳动力向城镇非农产业转移有显著作用的结论[35]。罗小锋与袁青运用物理学中的耦合协调度模型，对新型城镇化与农业技术进步的耦合协调度的时空差异进行分析。他们通过研究发现，中国各地区新型城镇化和农业技术进步的耦合性存在一定的区域差异，农业技术进步是现代农业发展的重要支撑，两者间的高度协调发展是统筹城乡发展的必然要求[36]。而彭竞和许二歌着重考察的是城镇化对农业技术进步产生的效应并计量测算影响程度的大小。他们运用理论分析与经验研究相结合的方法，对1992—2012 年中国时序数据加以分析，结果显示城镇化通过明确的非农业转移，获得了农业技术进步效应；因此城镇化对农业技术进步的促进作用决定了城镇化持续发展要求，并且农业现代化也会在城镇化的进程中得到发展[37]。

第二，对城镇化进程中某一方面的具体技术进行研究。

在这一类别中，以城镇化为大背景对其进程中的某一项具体技术的发展、应用、作用及与城镇化的关系进行研究，研究的范围比较广泛，建筑、地理、农业、经济、信息等学科都有涉猎，其中以建筑类的技术研究更丰富一些。

中国建筑西南设计院一课题组以新型城镇化建设中的问题为出发点，综合考虑在新型城镇化过程中的建筑技术。他们首先明确设计理念，进而遵循这一科学、先进的理念进行技术的选择，认为生态、人性的规划设计，低碳、生态的节能技术，安全、环保的建造技术，形成建筑技术对新型城镇化的支撑，对实现可持续的城镇化是必要的、重要的[38]。葛赢等以江苏省新型城镇化的发展为研究对象，对江苏省的城镇乡村的景观规划与建设的技术问题进行研究，探索乡村景观规划的影响因子，如景观规划，规划其旅游村庄的定位，明确总体设想，探索乡村的可持续发展[39]。常春勤和乔旭宁则是把快速城镇化作为研究背景，基于用地节约的基本理念，探索乡村空间布局应该如何进行调整。认为村镇的发展需要考虑与耕地保护及城镇化发展进程之间的矛盾，乡村空间布局调整应实现弹性分步。以此目标建设的技术体系，为迁村并点提供定量的科学依据[40]。

也有建筑领域的学者从生态学角度利用空间信息技术，对城镇化发展中的生态风险进行评估。石铁矛和李绥以南充市的数据为研究样本，应用空间信息技术，在遥感影像解译的基础上，提取空间信息、量化生态指标，预测出南充市城镇化进程的生态风险，从而提醒人们在享受城镇化带来的发展成果的同时，也要注意生态平衡问题带来的生态危机，在城市发展与生态之间应找寻一个平衡点[41]。从信息技术的角度对城镇化进行研究的学者，有的是从信息产业对农业生产的影响方面进行研究的，如苏亚晓和丁玲认为信息技术是推进城镇化快速发展的主要动力之一，可以利用信息技术提高农村基础设施建设，通过强化人们对信息技术的思想认识，推动信息技术人才队伍建设，进而改变城镇的信息技术力量，促进高新技术产业发展，推动城镇化的进行[42]；也有的学者是从智能化技术的应用方面进行研究的，如冯向荣将移动互联网的飞速发展设定为大背景，提出新型城镇化的发展需要智能网络技术。在以人为本的新型城镇化发展中，智能网络技术在智能家居方面将会大大提高自动化程度，而云技术使得城镇化进程中可以用较小的成本满足大量服务的需求，提升基础设施的建设[43]。

也有学者从具体的规划技术方面对土地城镇化进行研究。如程雪峰以土地城镇化空间分类为研究基础，确定"多规"空间对接分类体系，构建技术方法体系。中国传统城镇化中土地城镇化发展明显快于人口、经济、社会的城镇化，使得城镇化的"质"受到了影响。如何科学合理地实现土地城镇化从量到质的提升？他以沈阳市的沈抚新城为研究对象进行试验，对实验区"多规"冲突诊断的不同结果进行讨论得出研究的结果[44]。

第三，结合具体实践对城镇化背景下的技术集成的应用与发展进行研究。

从 2004 年起有学者专门针对广东省城镇化技术集成问题进行研究，到 2009 年对于此问题的研究达到一个小高峰，并且这一系列的文章都发表在《广东科技》杂志上。实质上这一问题早在 2001 年就出现了，是广东省科技厅的工作设想。那么广东省城镇化技术集成到底集成什么？广东省生产力促进中心的李桂松博士认为，它是城镇发展定位技术、城镇规划设计技术、工程建设技术、环保生态技术、信息技术、产业运行技术等一系列基础技术的应用大集成[45]。广东省的城镇化技术集成工作选择了一批试点地区，兼顾了不发达、次发达和发达地区。广东省的"城镇化技术集成"这个概念凸显的是技术领域与人文领域的融合，是宏观管理与微观技术的融合，是示范镇的个性问题与社会公共资源的共性问题的融合[46]。不同地区试点镇的发展情况因为社会状况的不同，城镇化使命也各不相同。分为珠三角、粤北、东西两翼三部分，其中石龙镇是以信息化来实现"质"的城镇化，以电子信息产业为主导的现代技术集成是石龙镇信息化的根本要求；三角镇则是以科学规划为基础，环境建设为硬件、社会建设为软件的全面的、优质的城镇化；共和镇作为一个农业大镇，从改善交通等基础设施入手，优先挑选落户的企业来形成主导产业；源潭镇是工业化基础较好、自然资源丰富的一个镇，地理优势及丰富资源使得源潭镇聚集了丰富的产业技术[47]。广东省的城镇化技术集成试点工作开展了四五年之后，广东省科技厅针对过去几年中的城镇化技术集成应用试点发展状况进行了总结，全省40 多个试点镇，自身的特点和特有情况不同，技术集成应用和推广情况各不相同。城镇化技术集成应用涵盖了信息技术、城镇建设、产业技术、管理技术和社会公共服务技术等，每一个镇的城镇化进程都向"质"的提升迈进了一步[48]。这些试点镇在这项工作中或者说活动进程中取得的成就虽有差异，但都有长足的进步和发展。例如佛山市的南海区狮山镇，这是一个经济基础雄厚的年轻小镇。在探索城镇化技术系统集成应用的路上，依靠技术创新，使规划技术、信息管理技术、高新产业技术、环保能源技术等多个领域的技术形成了一个系统，并取得了显著的成果[49]。而顺天镇在规划中把自己定位为生态环保型小镇，其城镇化技术集成试点工作的开展与新农村示范点建设紧密结合在了一起，吸引大量投资与项目开展太阳能和"深藏式"沼气池等新能源专利技术的应用，以现代化的生产模式推进新农村的建设。新能源项目的推广，始终突出绿色环保的特色，并且使得群众在短时间内就享受到应用的效果，调动人民群众参与的积极性，改变了过去技术推广只由科技部门负责的做法[50]。广东省城镇化技术集成试点工作的开展，目的是探索出一条具有广东特色的城镇化之路。在几年的试点工作开展的过程中，除了前面概括的各试点工作的特色总结之外，也有学者从这个过程中存在的问题入手进行研究。郑玉亭认为，城镇化的发展离不开城镇建设技术、产业技术、管理技术、社会公共服务技术，而在试点工作中，不同的城镇的关键技术发展不同，但都要以技术创新为基础实现技术集成[51]。

4. 对于技术选择的相关研究

对于技术选择相关问题的研究，既有以单纯的理论研究为主，为技术选择的理论、技术选择的原则、技术选择的发展奠定基础；又有以实践研究为基础，以解决企业、国家技术选择问题为目标。研究的角度以经济学、管理学为主，也有学者从科学技术与社会的角度切入；经济学、管理学的研究角度更注重定量与定性分析相结合，科学技术与社会的研究角度更具系统性和深入性。对于技术进行选择基于不同行业、企业、产业的特征，满足主体追求经济效益的需求，但同时要兼顾对社会、经济、环境多个角度的影响；只不过不同主体技术选择过程中的原则和目标侧重点不同。同时不同的行业对解决主要矛盾的技术的选择也有相关的研究，涉及的行业及范围非常广，从计算机、电力、电子、机械、石化、交通到医学、农业、数字化、煤炭生产等，每一行业都有自己的重点技术领域，对于重点技术领域的选择研究也多是从专业技术角度进行的。技术的选择基于技术本质、使用行业的不同而变化。

第一，从企业角度研究具体技术的选择。

从企业或产业角度对技术选择进行研究，多是针对具体行业的具体技术，最根本目标是企业或产业的经济利益的最大化，并且要考虑选择技术的使用可行性，以定量研究为主，定性研究为辅。

如在汽车空调行业，HCF-134a技术被广泛使用，但既造成了巨大的温室气体排放，也不符合国际先进标准，因此要进行替代技术的选择，淘汰不适宜、不先进的技术；在对新的技术进行选择时需要考虑各种技术的优势和劣势，并且需要综合考虑它们的经济成本、市场化可行性以及安全风险和环保标准，制定原技术的淘汰政策，同时积极推进替代技术的研究和应用[52]。企业进行技术选择时，除了固有的技术选择原则外，也会受到很多因素的影响。陈雯和苗双有就针对中间品贸易自由化对企业技术选择的影响机理进行了研究，他们基于中国制造企业的具体数据考察了中间品贸易自由化对中国制造企业技术选择的影响，发现中间品贸易自由化对技术密集型出口企业技术升级的促进作用最强，对劳动密集型出口企业技术选择的影响最弱[53]。也有学者从消费者的视角进行研究，考察碳税对企业技术选择的影响。通过构建异质性消费者效用函数下的制造商需求函数，得到不同碳税区间制造商的最优生产决策和技术选择，同时在考虑环境成本系数对最优社会福利影响的基础上，探讨了政府碳税政策的制定[54]。这种研究方法就是典型的定量研究，以一定的具体目标为方向，满足政策需求的同时，对企业的技术进行选择。

第二，从技术对社会、经济、环境的作用及影响研究技术的选择。

技术的存在、使用和发展都离不开人类社会，因此也有学者从技术与社会之间的关系角度切入，侧重技术选择的社会角度。与前一类研究侧重技术选择的经济角度不同的是，这个角度的研究兼顾技术对社会、经济、环境的影响。

技术发展与选择问题是一个为世界各国普遍关注的问题，有学者把技术的塑造和最终形成看作社会选择的结果，认为技术的发生、发展和演变都是在一定条件下进行的，社会选择是技术形成和演变过程中的重要一环，起着极为重要的作用。它可以满足人们不同的需要，可以形成技术的优胜劣汰机制，优化资源配置；同时，社会选择也反映社会不同群体、不同阶层的利益和愿望，社会选择的过程，也是不同利益集团之间博弈的过程[55]。

技术与社会之间到底存在着怎样的关系？有学者把两者之间的关系认定是双向的，认为技术的引进或创新与各种社会因素相关；在技术使用的整个过程中对技术的选择贯穿始终，社会选择决定了技术的命运，这些选择表现为市场选择、政府选择、文化选择等。社会对技术的选择从某种意义上也是技术对社会的选择，是一种双向性的相互认同活动[56]。

从技术与社会角度对技术选择进行研究，即使是针对具体技术的选择，也与经济学、管理学的切入不同。如对中国核电技术的选择，借助技术的社会选择理论，从分析哪些社会因素影响中国核电发展入手，分析各种影响因素是如何相互作用共同塑造了核电技术的发展，指出核电技术的社会选择与一般的技术选择相比其特殊性在于军事影响性、高风险性、公众的高度关注性和参与性[57]。

从技术与社会之间关系入手对技术选择进行研究，往往会兼顾不同选择主体的需求，如前文的核电技术的选择，政府注重的是建设规划，公众关注的是安全问题，企业重视的是经济利益，技术的选择必须处理好国家和企业、企业之间、国家目标与企业利益和公众诉求等诸多方面的关系。

第三，不同专业领域的重点技术领域研究。

不同的专业领域有不同的重点技术领域，都是为了解决本专业不同阶段出现的核心问题、关键问题。

大数据计算除了批量计算形态外，还有流式计算形态；如何构建低延迟、高吞吐且持续可靠的计算系统是当前迫切需要解决的问题，孙大为等就给出了理想的大数据流式计算系统在系统结构、数据传输、应用接口、高可用技术等方面应该具有的关键技术特征[58]。人类在生存和发展的过程中，抛开环保意识因素，生产生活中总是在向大自然不断排放着污染物质，解决污染物质对生态环境的影响及对人类健康的威胁，急需研发高效低耗手段进行污染的治理。高压放电技术就是这样一种可以治理大气污染的手段和方法。那么这种技术手段中的关键环节是什么呢？有学者从技术原理、发生电源、装置结构、研究现状和发展问题方面进行了研究，认为随着高压放电脱硫脱硝处理风量的不断增加，应研发脉冲电源和交直流叠加（AC/DC）电源以提高反应器能量密度和脱除能力[59]。与人类生产生活造成的环境污染相比较而言，人类居住、生活和工作场所的内部环境及空气质量给人的影响会更直观，因此人们都很重视室内空气污染问题，室内空气需要净化。那么室内空气净化的关键技术是什么呢？孙丽等通过模拟实验来考察高压静电场净化微生物的净化效率和光催化-活性炭吸附净化甲醛的规律，进而应用于室内空气的净化，消毒和消除气态污染物[60]。人类的生存和发展无论是日常生活还是工业生产都离不开能源作为动力，而电是应用最广泛的一种形式，对负责输送电的电缆的要求也越来越严格。有学者就对未来电缆的发展方向进行了探讨，认为直流电缆在输电中的应用将越来越受到重视，但也面临由于空间电荷和非线性温度特性引起的绝缘的可靠性和新型材料的开发问题。并提出在未来电网中，由架空线路、电力电缆线路和气体绝缘管道3种送电方式构成的混合输电线路模式，将会解决很多实际困难和问题[61]。

不同行业的重点技术领域的选择基于行业特色及具体的需求，为了实现人民生活水平提高、经济发展、生态环境保护的总体目标，重点技术领域的选择是行业发展所必需的。随着人类对环境保护的重视，在焦化行业中研发、普及节能减排成为行业的必然选择。有学者就通过分析捣固炼焦技术的配煤方案及配合煤性质，建议选择捣固炼焦技术、煤预热炼焦技术和共炭化技术为关键技术，来实现焦化行业的节能减排[62]。

第四，重点技术领域的国家选择研究。

重点技术领域的选择涉及未来发展方向，以及国家发展大局。

有关未来发展方向的技术选择以生态技术的选择最为典型。生态环境对人类生存和发展的重要性已经上升到战略高度，党的十八大后提出的五大发展理念中的绿色发展理念就能代表生态环境绿色发展的重要程度。有学者从技术预见的角度对生态环境领域的技术选择进行研究，并提出策略。朱学彦在充分考虑国际发展趋势，并基于国内城市化需求及矛盾的基础上，针对上海市环境需要治理、修复的具体问题提出应聚焦于水污染防治与利用、污染土壤修复、大气污染防治、生物多样性保护与生态系统修复、突发重大环境事件预警与应对等五大主题[63]。

有关国家发展大局的技术选择最为典型的是国防科技的技术选择。军事国防力量的发展事关一个国家的硬实力问题，国防科技发展的技术选择又是国防科技发展的关键，因此对国防重点技术领域的研究关系到国防安全的大局。定性分析的研究方法，受主观影响比较大，有学者就尝试基于技术调查确定国防科技发展的技术选择的思路。刘书雷等基于对国防发展现状、社会政治经济需求、未来技术发展趋势等方面的调查研究，提出基于技术预见调查的国防科技发展的技术选择可以分为工作准备、确定备选国防关键技术清单、开展国防关键技术调查、实施国防关键技术选择四个步骤[64]。

针对国防科技发展的技术选择与调查中一些必要的前提和准备，有学者就将技术清单的遴选与确认看作对国防关键技术选择具有重要的作用。赵海洋等通过研究国防关键技术层次的设置、国防关键技术领域的设置，提出备选国防关键技术清单的确定方法[65]。

5. 国内研究评述

第一，新型城镇化的理论研究已经深入到价值层面，从价值论角度对传统城镇化中的发展问题进行了剖析。众多国内研究文献从理论角度对新型城镇化的系列问题进行了探讨，对价值问题进行研究，强调新型城镇化化"人"的角度，但并未把价值论和价值标准作为技术选择的分析路径。

第二，从实践的角度来论证新型城镇化过程中存在的问题的文献较多，出现了对可行路径的研究反思，如对"三化"（新型城镇化、新型工业化、新型农业现代化）关系的论述等。中国根据自身的国情，以及根据第三世界国家城市化发展中出现的种种困境，于2014年才明确提出新型城镇化的战略目标，新型城镇化刚刚开始实践，因此，实践研究也比较少，更多的是对传统城镇化的反思。

第三，新型城镇化的技术研究较多，但新型城镇化的技术选择研究几乎没有。从现有的文献中可以发现，很多文献讨论了城镇化与技术进步的相关问题，这对于本书研究有借鉴意义。有些文献对城镇化进程中某一方面的具体技术进行研究，也为本书的研究提供了一些基础信息。也有的研究涉及城镇化背景下的技术集成的应用，但是有关新型城镇化技术选择的文献还没发现。

二、 国外研究综述

从世界范围来看，欧洲的城镇化之路走得更早更快一些，至今大约有 90% 的欧洲人居住在城市，并且其中大部分人居住在中小城市或小城镇。高城镇化率使得发达国家的城镇化之路与我们不尽相同。对于今天的欧洲，更重要的是关于城市的可持续发展的讨论及思考。城市的发展理念与当今资源消耗过度、环境压力增大、城市人的生活质量之间的问题同样是欧洲城镇化要关注和解决的头等问题。而发展中国家也都在城镇化的进程中，结合本国的实际状况，利用工业化或农业现代化来实现城镇化。

1. 关于城镇化发展的综合研究

对世界各国各地的城镇化的历史研究可为我们的新型城镇化之路提供一些借鉴与经验。

第一，发达国家的城镇化研究。

城镇化问题研究。Kazuhiro Yuki 对世界大战之后的城镇化这一普遍现象进行研究，认为城镇化性质因国家不同而有所不同。一些国家已经经历了与城镇化伴随而来的技能的提升、工业化和城市正式的（现代的）产业的膨胀，但与此同时的是，其他国家的城镇化没有这种现代化并经历城市非正式的（传统的）产业的膨胀。作者根据动态的城镇化和发展模型来分析产生这些差异的根本原因[66]。Mimet 等测试了 ZNIEFFs（动物和植物生态价值的自然区域）作为一种保护工具在巴黎附近一个高速增长地区的有效性。他们比较了 17 年时间里，ZNIEFFs 内部和外部的城镇化率，研究发现，ZNIEF-Fs 内部城镇化程度较低，越是在 ZNIEFFs 周边城市化程度高的地区，ZNIEFFs 越是得到更好的保护。相比之下，当农田仍然占主导地位，周边城市化率较低时，ZNIEFFs 往往比外部地区更加城镇化[67]。这显示了剩余的自然区域的价值相对的改变，或许可以作为农业用地价值的一个函数。Yasusada Murata 的研究提出了一个通过城乡相互依存实现工业化的模型。研究表明，一个在农业生产中工业投入成本份额低、工艺制成品支出份额低的经济体，加上种类有限的工业投入，可能陷入低发展陷阱。并指出从低发展陷阱向工业化的转换与日本的历史轨迹相一致[68]。Paul Courtney 等运用亚区域社会统计模型来研究农村-城镇结合处。使用来自四个英国城镇的受空间限制的经济数据来衡量城镇和农村的经济整合力量并评估城镇-农村外溢效应的大小[69]。

城镇化与农业化同步发展。丹麦城镇化的实现有其特殊性，其不仅在工业技术和设计领域非常发达，农业（含畜牧业）也非常发达。丹麦仅有约 20 万人从事农业生产和相关服务，却可提供满足 1500 万人需求的农产品总量，农业之高效可见一斑。丹麦的农业现代化是与城镇化同步进行、互相促进的，并建立在高科技基础上。为了降低由于经济重心转移和人力资源缺失对农业造成的不利影响，美国加强了对农地的保护，并从制度、经济和技术上形成了扶持农业发展的政策体系。处于农业地带的小城镇也把吸引和促进农副产品加工业和储运业的发展作为重点，有效促进了城乡一体化。荷兰人不仅善于种东西，更精于卖东西。产、销与加工之间相互独立，却又密不可分，构成一条井然有序的农业生产链。这些西方发达国家的农业现代化经验为中国的农业现代化或是特色产业化之路提供了很多先行的经验和启示，并为农业现代化与城镇化的同步发展奠定了一定的基础。

第二，发展中国家的城镇化研究。

对于发展中国家城镇化与工业化的关系，Perry Sadorsky 运用了最新发展的异质面板回归技术，用平均的团体估计量和普通的关联结果估计量，来模拟 76 个发展中国家的收入、城镇化和工业化的能源强度结果。从长期来看，每百分之一的收入增加会减小能源强度 0.35%~0.45%。长期的工业化弹性区间为 0.07~0.12。城镇化对能源强度的影响是多样的。在规格上，城镇化的估算系数方面的统计是有意义的。并讨论了这些结果对能源政策的影响[70]。Markus Brückner 通过分析 41 个非洲国家在 1960—2007 年农业产业规模和人均国内生产总值的增长对城镇化速度的影响发现：第一，减少额外的农业附加值份额导致了城镇化速度的巨大加快；第二，有条件地改变额外农业附加值，人均国内生产总值的增长没有对城镇化速度产生重大的影响；第三，城镇化速度的加快对人均国内生产总值的增长有重要的负面的平均作用[71]。Fikri Zul Fahmi 等探讨了印度尼西亚的小城市促进城市发展的因素。与印度尼西亚的地方分权政策密不可分，文章显示经济调整是如何影响城市变化的，这鼓励了人们居住在核心区域附近，表现了核心地区和新出现的城市区域的一种新的联系，这些有利于识别小城市中心的特点[72]。Scarlett Epstein 等研究了向大城市移民的可能性和成本影响，通过提高在农村地区的收入来促进城镇化，使农村地区的经济和基础设施更吸引人。当地的资源对此起着决定性作用。强调农业生产的增加、以农业为基础的产业的建立和对乡村与城镇建立合作发展的鼓励政策的追求。这种合作关系使农村和城镇人口均受益，并可以阻止非洲和亚洲在2025 年之前城镇化人口翻一倍的可怕的预测[73]。Onyebueke U. Victor 等对尼日利亚东南地区的多种维度存在的农村＝城市共生现象进行了探讨，认为应减少严重的农村-城市发展不平衡的补偿机制，以引起城市规划者的注意，来发展农村-城市结合处和形成新的规划授权[74]。有关发展中国家城镇化的道路选择，Anit Mukherjee 等认为农村中非农产业的发展会促进城镇化的进程。在这方面中国的经验值得其他发展中国家学习。中国具有活力的非农产业已经成为国家引人注目的一个主要贡献者，然而非农产业在印度产出和就业方面的发展是相当不景气的。作者认为农村非农发展的模式是中、印两个国家制度差别的结果，尤其是两国的政治系统、所有权结构和信用体系。中国和印度的农村非农产业经济的优势和劣势的对比突出了非农产业发展的潜力和挑战[75]。Godfrey Bahiigwa 等对乌干达政府减少农村贫困的政策，即农业现代化计划进行研究。设想通过提高农业生产来提高农村贫困地区的收入，然而把地方分权作为减少贫困的一种机制在乌干达现有的政治情境下被错置了，因此提出了减少农村贫困的更好的选择机制[76]。

2. 对城市及乡镇可持续发展的研究

西方城镇化的快速发展，使得城市与乡村的各方面基本不存在明显差别，没有中国的城乡二元化的困惑，因此学者们和政府的注意力更多地放在现有城市和乡镇的发展上，怎么实现持续的发展、绿色的发展是他们的关注对象。

著名的城市规划领域思想者和实践者——美国建筑师亨利·丘吉尔早在 20 世纪 50 年代就提出了"城市属于它的人民"的观点。这位建筑师的思想更具有哲学思维,他提出了一个对于城市规划来说非常根本的问题:城市规划的方法和程序到底怎样才能使得城市规划保持正确性?从对城市规划的发展历史和当今的发展状况来进行研究,发现城市在发展的过程中如果要重新进行改造,面对和需要解决的问题会更复杂,设施问题、经济问题和社会问题是三大类主要问题,三者之间又相互关联着[77]。

也有学者认为人性化的美好未来,城市设计是创新核心。城市设计需要利用许多不同学科的技术来共同营造,城市设计需要整合大量的相关学科,如建筑、景观、土木、规划等。城市的可持续发展需要可持续设计,可持续设计需要城乡规划技术满足尊重当地景观,防止河流断流、水土流失、洪水泛滥及污染的需求;需要节能、节水技术,利用现有资源,如雨水、太阳能、风力及其他替代能源,减少对石油和其他资源的依赖;长期的、可持续的发展是城市发展的目标[78]。也有学者认为现在城市的发展处于一种失序的状态,需要秩序的回归,整个北半球都在专注于可持续发展的物质和环境方面,但社会标准却认为城市作为生态的定时炸弹,造成了生态问题,在现在的发展模式下,南、北半球城市都是不可持续的。怎么解决这个问题呢?通过"生态现代化"有实现的可能。而生态现代化需要在如下四个方面加以实现:第一,是在生态和消费过程中引进生态标准和循环利用;第二,生态现代化是实现可持续目标的有效和灵活方式,经济增长是先决条件;第三,是生态现代化必须发挥扶持的作用;第四,是每个人都应作为利益相关者参与到经济和市场中来[79]。

生态城市作为一种全新的、可替代当前发展趋势的可持续城市解决方案被越来越多地关注和实践。生态城市要建设一个强调交通体系与环境协调的可持续城市居住格局。作为一个生态城市有许多特征并且各有关联之处,其中"短距离"这一特征是生态城市的核心特征之一,要人人可达、紧凑可达、交通与环境协调;还有一个是"合理密度"，减少土地消耗，保持有效能源供给，城市密度受到市民对空间和日照要求的限制[80]。

也有学者对城市的发展持有自己独特的看法，如执业建筑师朱迪丝·德·容，她长期居住在休斯敦，认为美国的城市和郊区变得越来越相似，并把这个过程称为"扁平化"。朱迪丝寻求用一种新的方式来为当代的大都会重新构建框架，希望这种方式在现今的环境中能够带来更多创新性的思考、更加实际的参与和更好的设计[81]。

西方的城镇化发展，大城市、小城镇、大都市都成为其发展的主要模式，因此对于中小城镇的可持续发展学者们也非常重视。阿维·弗里德曼从城市规划的角度对中小城镇的可持续发展、绿色发展进行了研究。他认为小城镇应该满足绿色城市发展的目标，土地管理、能源管理、水资源管理、交通网络、社区规划、中心区域管理等都是要关注的指标[82]。

也有学者针对某一国家或地区的城市发展状况进行研究，如瑞典的一些学者和建筑师就针对瑞典城市规划的不断变化的发展状况进行了分析研究。他们认为当今城市的发展更多地是以日益增长的交通为主要特征的，他们把这种状况概括为"用脚投票"，以此来对城市各方面要素进行评判。他们认为瑞典的城市发展过去是取决于个体迁移到能够提供工作机会的地方，而如今却是公司根据符合自己需要的劳动力集聚地来选址[83]。

3. 对于城市化相关技术的研究

国外学者对城市化进程中的规划技术、绿色建筑技术、城市设计等方面的技术进行了广泛的研究。因西方的城镇化进程比中国早，发展得快，很多方面的技术从理念到方法都比国内先进，结合中国的具体城镇化特征，国外有益的理念，如可持续发展、生态城市、绿色建筑等，实用的方法，如文化规划方法、被动式建筑节能方法、网格城市设计方法，都会为中国新型城镇化的发展提供认识论和方法论的突破可能。

对于规划技术的研究是多角度的，有的是从规划理论入手的，有的是从小城镇规划角度进行研究，有的把城市整体规划技术作为研究的对象。

文化规划现在被运用在瑞典各地的地方规划中，这是一种开发文化资源的方法，把城市规划和政策中的文化（人类学）结合在一起，成为一种独特的规划方法，文化规划的重点在于借助当地文化地图和社区参与来营造更高品位的场所[84]。国外规划理论讨论与实践的关系时，有一种观点认为在建设一个实践的理论时，将需要阐明对社区规划中所发生的事物的认识。解释应该既让实践者明白，也要让学者们明白，理论一定要有实践意义，实践的理论应该澄清决策的性质以及说明通过规划活动传递的价值观念和意义[85]。有学者认为，既定的规划会对整个生态系统产生深远的影响，因此在全球范围内进行城市规划时都应该将规划方案对生态系统的影响作为衡量标准去评估城市的可持续性发展，这是一个非常重要的指标[86]。

对于城市设计技术的研究，国外的研究者多数都会考虑经济、政治、社会和文化的作用，并不是仅仅从专业技术角度来对城市进行设计；他们把城市的设计看作由很多专业人士共同完成的活动，是有意识的、正式的。城市设计技术中的关于城市网格特征的认知及方法，被认为是一种新的发现，Reuben 认为虽然在历史上网格并非城市固有的特征，但它却作为一种基本的城市化工具独立出现在不同的文化中，它能表现出极为不同的城市生活的状态；美国芝加哥市对于网格的重新定义是其城市发展成功的一个重要因素[87]。在瑞典这样的北欧国家福利模式中，一直把住房作为一种福利提供给居民，但是从新兴城市政策的发展来看，有突出特色及在地理上多样化的住房被人们所青睐，成为了一种趋势，这种趋势也挑战了把"城市"作为一个不可避免的空间的传统看法，而将其视为社会福利的积极推动力[88]。有学者把城镇人口规模作为一种影响城镇社会形态的因素，居民的熟识度和亲密感都可能受影响。公共行为称作社会资本，而 Svendsen 将社会资本定义为对外开放式网络，涵盖了各式各样有社会分歧的人，而集中社会资本构成内部网络，内部网络的形成有助于强化专属认同和同质性[89]。

技术转移是实现社会功能的主要的、长期的技术变革，它不仅涉及技术的变化，还包括用户实践、监管、工业网络、基础设施和符号意义或文化的变化。有学者就专门讨论了技术转移是如何产生的，在技术过渡的过程中有没有特定的模式和机制。有学者从进化经济学和技术研究相融合的角度，探讨了技术转移的相关问题，认为技术进化是一个变异、选择和保留的过程；技术进化也是一种技术展开和重新配置的过程；并且技术转移会随着三种特殊的机制而变化，即市场的增长、技术附加和融合[90]。

绿色建筑技术包括节能、节水、节地等技术，绿色建筑技术的使用和推广是实现城市可持续发展、人民生活和谐的重要手段。国外早已把绿色建筑的推广看作绿色建筑技术一个重要的方面，很多国家尝试用政策及法规方式来扶持绿色建筑技术的推广。如美国就有很多州制定了相应的推广激励机制，并用财政政策和税收政策来大力扶持绿色建筑[91]。在国际上针对绿色建筑的评价体系有很多种，应用最广泛的是英国的 BREEAM 评价体系，中国的绿色建筑评价标准也是基于此建立的。英国的 BREEAM 体系采用全生命周期评价方法，评价范围几乎覆盖了所有建筑物——无论是新建的还有既有改造的，注重建筑物节能的能力；对考察的建筑物按照在各项指标上表现出的性能打分，做出评价[92]。

4. 国外研究评述

现代化发展理论最初强调的是城市化，因此在国内外的相关文献中，早期城市化的研究较多，而城镇化的研究较少。城镇化是世界的潮流。但目前国外发达国家单纯针对城镇化的研究比较少了，因为发达国家的步伐优先于中国，如欧洲的城镇化已经基本达到90%的稳定状态。发达国家城镇化的进程经历了数百年的历史，其产生的问题和成功的经验都非常值得中国借鉴。中国城镇化的发展是一个跨越式的发展，要在数十年的时间内完成发达国家数百年的目标，这其中既有借鉴，也有独特的创新。

欧洲现在强调城市发展的可持续化城镇（sustainable transition），欧盟层面关注城市经济、生态和平等（economy，ecology，equity）的协调发展，都为中国新型城镇化的发展思路的形成提供了前期经验，也都是在全球化的背景下解决如何提升城市竞争力同时兼顾环境可持续和社会公平问题，中国的农村的城镇化很大程度上涉及这个问题。因此相关的理论基础应该包括城市竞争力（city competitiveness）、创意城市（creative city）、绿色城市（green city）等，而中国的新型城镇化思路可以说是以这些理论为背景选择的一条基于中国现实的发展思路和对城市竞争力的解析。它体现了中国在应对与欧洲面临的相同的全球竞争时，中国城镇结合自身问题寻找的可持续发展之路。

近年来创意产业在西方国家迅速发展，特别是在欧洲部分国家甚至有超过其传统产业模式的趋势。西班牙学者2012年通过一篇文章更是从实证的角度分析了创意产业对区域性财富的重要性[93]。有研究利用来自欧盟统计局（SBS）和区域经济学研究组、OMIC账户（REA）数据库的数据，通过对欧洲24个国家中的250个区域进行分析研究，得出三个重要的结论：第一，创意产业对富裕地区起到重要作用；第二，最有创意的地区比起其他地区拥有更多高科技的生产制造行业，尽管其低端生产技术行业占有一定的数量；第三，每个工业区域对当地的财富都存在一定的影响，只是这里只展示创意工业对富裕地区的影响。通过上述结论，我们了解到创意产业对于区域经济的重要性。我们可以根据不同地区具备的资源条件、区位优势、经济技术等，来确认该地区的创意产业的模式，建立创意城镇，最终实现绿色的城镇化。而对于农业现代化，有学者曾经以非洲发展中国家及巴西和中国作为研究对象，提出以"绿色革命"来实现新型农业生态现代化，进而实现城镇化的理论探索。实现绿色革命不是目的，未来粮食生产的需求一直困扰着人类，这才是我们要解决的问题。而生态农业是我们解决问题的有效方法，并且这是一个复杂的问题[94]。

国外学者对城镇化进程中的规划技术、绿色建筑技术、城市设计等方面的技术进行了广泛的研究，但是对于城镇化的技术体系及重点技术领域研究很少。因西方的城镇化进程比中国早，发展得快，其很多方面的技术从理念到方法都比国内先进，对于中国城镇化的发展会提供有益的帮助和补充。并且国外对于这些城镇化相关技术的理论与实践的研究，都放在了经济、社会、环境这样一个系统之中，因为实践证明了仅仅靠硬的技术是无法满足城镇化的发展需求的，如规划要考虑政治因素，公众参与很重要；绿色建筑技术的实践与推广离不开政府的政策、法规的支持；城市设计技术需要考虑文化、历史、环境等诸多因素。这些研究对于中国新型城镇化的技术体系建构具有一定的价值，但也存着一定的局限性，因为国情不同，制度也不同。另外，国外研究很难对应中国迅速发展的实践，即使有的研究也针对中国的问题，甚至具有从外部看有时看得更清的优势，但也缺乏根据翔实的案例做更深入的剖析。

第三节　研究的思路、方法与创新点

一、研究思路

本书试图以现实主义的本体论和认识论，在充分肯定新型城镇化的现实合理性的基础上，探讨新型城镇化重点技术领域的选择问题。

第一章为绪论。

第二章在界定基本概念的基础上，首先，确定了新型城镇化技术选择的理论依据：由于新型城镇化是一个复杂的社会工程，因此新型城镇化的技术选择不是一个从技术体系本身的发展逻辑去思考的技术选择问题，而是需要运用科学技术与社会（STS）理论加以分析的技术选择研究。其次，通过回顾中国城镇化发展的历史，分析了新型城镇化面临的主要矛盾和冲突。由此确定了新型城镇化技术选择的原则是有助于解决现实矛盾。并初步确定了技术选择标准的分析的视角和路径——价值论。

第三章从价值论的视角，剖析实现新型城镇化目标内涵的价值。分析"新"具体为何含义，其与传统城镇化相比的科学性、合理性、创新性和现实性体现在哪里。对新型城镇化的价值主体进行扩展，以此确立新型城镇化的价值主体体系，所有价值主体利益的统一才是新型城镇化进程中主体需求的满足。尝试建立相对客观的评价标准，符合主体的本质、存在和内在规定性尺度。从价值客体、价值主体及价值内容三个角度对新型城镇化的价值进行分析，提出实现三大价值维度的具体价值标准。强调价值主体尺度的变化直接影响新型城镇化技术选择的标准。

第四章在界定新型城镇化目标的价值标准基础上，探讨实现这一价值目标的新型城镇化重点领域的技术选择。从社会、人文、经济三方面的目标，以及和谐、生态、功效的价值标准考虑，将中国实现新型城镇化解决现实矛盾的技术确定为城镇综合规划技术、绿色技术、智能化技术三个大的类别。分析这些重点领域的技术对解决新型城镇化现实矛盾，实现新目标，为什么具有重要的、关键的作用。

第五章尝试从理论研究与案例研究相结合入手，以辽阳县城镇化发展为例，分析新型城镇化技术发展和应用状态。结合辽阳县的规划技术应用得失与特点，与和谐价值标准进行对照；以辽阳县生态环境现状及存在的问题，与新型城镇化秉持的可持续发展理念进行对照；分析辽阳县信息技术的发展现状，以及未来对智能化技术的需求，探讨以三大领域的技术为引领的新型城镇化是否是一个可行的路径；尝试通过顶层设计、整体规划、具体对策等提出一些对中国新型城镇化技术发展有借鉴意义的经验。

第六章为结论，概括前面的讨论和分析，并提出本书的研究仅限于从价值论角度探讨解决新型城镇化现实矛盾的技术选择，未来的研究还可能有很多其他的进路。

二、 研究方法

1. 文献分析法

本书通过对国内外城镇化、新型城镇化、技术选择、城镇化与价值、城镇化与技术的相关文献进行整理、收集，并加以有效的整合，归纳新型城镇化的价值评价标准的内容和技术选择的原则。

2. 比较的方法

通过对城镇化发展历史过程的简单回顾，阐释新老城镇化发展的不同历史机遇和特点，比较传统城镇化与新型城镇化的概念内涵的变化，分析新型城镇化的本质和特征，从而逻辑地得出其目标的价值赋予。

3. 系统分析方法

在文献分析和比较的基础上，运用系统分析方法剖析价值子目标与总目标之间的逻辑关系，以及技术体系与价值目标的关系，建构新型城镇化价值评价标准，选择解决新型城镇化现实矛盾的技术领域。

4. 案例研究法

以辽阳县为例，通过辽阳县的各项数据及实地调研获得的事实资料，分析辽阳县"城镇化"发展之路，结合辽阳县规划技术的得失、生态环境问题的存在、信息化建设现状，为理论分析提供实际样本。

三、 创新点

第一，通过历史与现实分析，对新型城镇化的内涵加以界定，对新型城镇化的价值主体进行扩展，限定了新型城镇化的客体目标，提出包括社会价值、生态价值、功效价值整合的新型城镇化的价值体系。将"和谐"作为评价人与人之间社会价值的标准，将"绿色"作为评价人与环境之间生态价值的标准，将"智能"作为评价人与经济之间功效价值的标准。

第二，根据技术选择的原则和价值评价标准，提出新型城镇化重点领域的技术，即城镇综合规划技术是和谐价值的赋予，绿色环境技术满足了新型城镇化的生态价值的实现，智能化技术有助于生产资源的最佳配置，为新型城镇化功效价值的实现创造途径。

第三，以具体的地区——辽阳市辽阳县为例，根据辽阳县的现状、新型城镇化的实践，探索了以解决城镇化现实矛盾的三大技术为引领的新型城镇化的技术路径是否可行的问题，指出了技术发展和应用的应然状态与辽阳县现实状态的不同，由此得出中国新型城镇化技术的发展和应用尚处于未成熟的发展阶段。

第二章

新型城镇化面临的现实矛盾和技术选择分析路径

　　新型城镇化自党的十八大提出，在中国进行了不断的实践和理论探索，新型城镇化的内涵不断发展，新特征也日趋明显，但其"化人"的目标并没有发生变化，虽然方式可能在发展过程中会调整、变化。新型城镇化的发展离不开技术的支撑，新型城镇化相对应的新技术都有哪些呢？新型城镇化技术选择的原则及路径是什么呢？

第一节　新型城镇化技术选择研究的基本范畴

　　对新型城镇化的技术选择进行研究，明确本书研究的基本范畴是首要任务。需要厘清中国新型城镇化的内涵到底是什么，针对中国新型城镇化面临的现实矛盾，基于什么样的视角进行技术选择，为了解决矛盾坚持怎样的技术选择原则。

一、　新型城镇化的内涵

　　"城市化"是从英语"urbanization"翻译过来的，也译为城镇化，是西班牙规划师依勒德丰索·塞尔达提出的，中国城市化不仅要实现大、中、小城市化，还要小城镇化，因此用城镇化代替城市化，也可以理解为城镇化是中国特色的城市化[95]。城镇化是指农村人口不断向城镇转移，第二、三产业不断向城镇聚集，从而使城镇数量增加、城镇规模扩大的一种历史过程。新中国自成立起，就已进入城镇化之路，但是自改革开放才加快了进程，尤其是近十年来城镇化以突飞猛进的速度发展。但中国在实现城镇化这一历史过程中，出现了各种问题，如资源消耗高、环境事件频发、城乡差距加大、片面追求城市规模扩大、城乡二元结构矛盾突出等。这些矛盾及问题促使我们对已有城镇化的方式进行反思，对城镇化的内涵做了重新界定，提出了"新型城镇化"的概念。

首先，有些观点是从整体的角度来分析"新型城镇化"是什么，要做什么，实现什么目标。

例如，喻新安、吴海峰提出所谓新型城镇化，是指坚持以人为本，以新型工业化为动力，以统筹兼顾为原则，推动城市现代化、城市集群化、城市生态化、农村城镇化，全面提升城镇化的质量和水平，走科学发展、集约高效、功能完善、环境友好、社会和谐、个性鲜明、城乡一体、大中小城市和小城镇协调发展的城镇化建设道路[96]。彭红碧、杨峰把新型城镇化道路的科学内涵定义为：以科学发展观为引领，发展集约化和生态化模式，增强多元的城镇功能，构建合理的城镇体系，最终实现城乡一体化发展[97]。

田静认为，所谓新型城镇化，是指以科学发展观为指导，以新型工业化为动力，以统筹兼顾为原则，全面提升城镇化的质量和水平，实现经济高效、功能完善、环境友好、资源节约、城乡统筹、社会和谐、管理有序的大中小城市和小城镇协调发展的城镇化建设之路[6]。

其次，有些观点是从"新型城镇化"的具体特征或是某一方面的作用来分析定义的。

有学者把新型城镇化与旧的城镇化模式相比较，认为新型城镇化之新应该包含三个特征：一是有规划的，即根据人口空间迁徙的基本趋势确定在哪里建设城市，建什么样的城市，建多少城市，各类城市的规模多大；二是开放的，即城市对农民开放，允许所有要素自由进入；三是集约的，即单位面积承载更多的要素（更多的人口和更高的产出）[98]。也有学者认为，新型城镇化是集约利用资源、促进人口地域和劳动力职业有序转移、经济社会持续发展、适宜居住的有中国特色的城镇化道路[99]。中共河南省第九次代表大会报告指出："新型城镇化是以城乡统筹、城乡一体、产城互动、节约集约、生态宜居、和谐发展为基本特征的城镇化，是大中小城市、小城镇、新型农村社区协调发展，互促共进的城镇化。"

林聚任和王忠武则从城乡关系的角度来定义新型城镇化的目标，认为新型城镇化建设要调整结构失衡、有失平等的城乡关系，建设平等协调的现代新型城乡关系体系[4]。有学者认为，新型城镇化是以科学和谐、节约集约、生态宜居、工业化与城镇化互动、城乡待遇一体、城乡统筹发展为特征的城镇化[100]。也有学者认为，新型城镇化是人口转移和结构转型并存的"二元"发展型城镇化，新型城镇化的发展既表现为人口城市化率的增长，又表现为区域"城市性"程度的提升[101]。刘海平认为，新型城镇化的"新"体现在：第一是价值取向，是以人为本、以社会公正为价值导向，以全面、协调、可持续、和谐发展和促进人的发展为宗旨；第二是发展目标，新型城镇化是使城、乡民生得到保障和改善、人民幸福指数不断提升、安居乐业的城镇化；第三是运作程序，是将政府的能动性与市场机制有机结合的城镇化；第四是城乡关系，新型城镇化是城、乡两个系统的经济、科技、社会、人口、资源、环境、空间等诸多基本要素协调发展、优化组合、共生共荣的过程[102]。朱烨、卫玲认为，新型城镇化是对传统城镇化道路的扬弃和发展，即强调内涵式发展——资源的有效流动与融合，地理空间上的联合与区域经济的集约，以达到城乡一体化发展[103]。

本书研究的新型城镇化，是以城乡统筹、城乡一体、产业互动、节约集约、生态宜居、和谐发展为基本特征的城镇化。强调的是城乡融合及农村的城镇化进程，并非大中小城市的城镇化。

二、 技术和技术体系

技术，是一个中外学者都很难统一观点的概念。从经济学家转身为技术哲学家的布莱恩·阿瑟，与传统技术哲学家米切姆将技术分为四种类型的观点不尽相同，他把技术看作实现人类目的的手段。他认为，作为一种实现人类目的的手段，技术可以是方法，也可能是流程，还可能就是某种装置。技术可以是某种知识，也可能是某种实体，与实体相比较知识似乎表现得更"软"一些，但从技术本身要完成某种功能的角度而言，两个方面都不可或缺[104]。中国技术哲学的创始人之一陈昌曙认为，"技术是什么"这个问题不好回答，可是并非不能把握，对于搞理论研究与实践都是个绕不开的问题。他将技术特征概括为三点：第一，技术是物质、能量、信息的人工化转换；第二，技术是人们为了满足自己的需要而进行的加工制作活动；第三，技术是实体性因素（工具、机器、设备等）、智能性因素（知识、经验、技能等）和协调性因素（工艺、流程等）组成的体系[105]。反人本主义的技术哲学家米歇尔·福柯认为，"technology"这一词被赋予了非常狭窄的含义，一说到技术，人们想到的就是硬技术，但是治理也是技术，即权力、知识、话语、真理等皆可被看成"技术"。福柯提出了"硬技术"及与之对应的"治理术"，后人将治理术界定为"软技术"[106]。"软技术"的概念在20世纪90年代被提出，而真正加以重视并开展讨论还是在21世纪，人类为了应对技术的变革发起了对其的研究，但其至今仍被认为是发展不全面的概念。金周英把"硬技术"称为传统意义上的技术，它来自自然科学知识的操作性体系，而"软技术"来自非自然科学知识和非传统观念的科学知识。硬技术关注的是物，软技术关注的是人，以人的情感和思想为主线；硬技术与软技术共同解决新环境下的新问题，软技术的创新也是相关制度创新的依据[107]。

技术体系指社会中各种技术之间相互作用、相互联系，按一定目的、一定结构方式组成的技术整体。技术体系是科技生产力的一种具体形式。如炼钢技术同与其联系的炼铁技术、选矿技术、采矿技术及冶金机械设备制造等技术组成的技术整体。

三、 新型城镇化技术体系

城镇化技术是与城镇化相关技术的统称，是指保障城镇化实现的所有技术手段和方法。具体包括城镇规划技术、城镇基础设施建设技术、城镇环境保护技术、城镇文化遗产保护技术、城镇社会安全技术、城镇社会保障技术、城镇社会关系协调技术、大数据技术、生态技术、网络技术、智能技术等。

随着时代的变化，新型城镇化的建设需要解决中国传统城镇化造成的一系列矛盾和问题，使其具有新的特征。这一目标的实现，离不开各种技术组成的技术体系的支撑。本书认为，新型城镇化所需要建构的技术体系中，技术既包括方法、流程、装置，也包括与其相关的各种知识和实体；而技术体系的构成不是单纯的各种"硬技术"的集合，也包括"软技术"。城镇化的实现本身就是一个动态的、复杂的问题，需要实现的是和谐的社会生活，绿色的生活空间，适度的经济发展这样一些综合的目标。这些标准决定了技术体系的覆盖性和复杂性，既需要"硬技术"，也需要"软技术"。如城市清洁供暖和清洁大气技术的实施就不是一项单纯的技术能够解决的，需要协调经济、社会多方面的力量，制定政策和法规，才能实现。各种"硬技术"与各种"软技术"特点各不相同，但相互作用，"软技术"也可以通过人进行"硬化"，与"硬技术"共同从空间、社会、经济三个角度实现新型城镇化的目标。

在技术体系中起到重要作用且不可或缺的环节或技术，可以是技术点，也可以是对某个领域起到至关重要作用的知识。新型城镇化技术体系离不开重点技术领域，重点技术领域的形成应建立在技术的工具价值、生态价值和社会价值兼顾的基础上。需要从更长远的时间尺度去评价城镇化重点技术领域的社会效果和生态效果。必须重视对技术的远瞻性战略思考，制定周密的新型城镇化技术战略，既要通过核心技术的解决，支撑新型城镇化的快速发展，又要充分考虑生态因素、社会政治经济因素对技术的影响和约束；特别要重视城镇化技术所带来的生态效应和应对对策研究。

四、 STS 视域的技术选择

技术的存在和产生从根本上说是为了满足人类的需求，一切现实类技术在发展、应用的过程中，人类对它的选择性使用都是基于其自身的可选择性。技术选择作为技术进步进程中的一个关键因素，是技术能力发展的必要条件，在技术创新和技术变迁过程中起着重要的作用。它决定着一国或地区产业结构与技术结构的技术基础，直接影响到经济增长的绩效[108]。

对于技术的选择，技术的直接使用者——企业，在实现自己的技术定位时必须将自己的战略发展目标与技术选择相结合，实现的是本企业的技术优先升级。因此，有学者就把技术选择界定在企业开展技术活动时从自身的战略和技术基础出发，确定企业的新技术来源、研发服务的重点业务或产品和重点研发的技术领域等技术战略问题的决策过程[109]。因为技术的作用不仅体现在近期效果，还为企业的战略提供保证，所以把技术选择看作一种决策，并且是一种多层次决策问题，技术选择往往要在战略层和战术层上进行分析和决策。技术选择不仅对企业发展非常重要，对于国家和人民的社会生活也影响广泛，因此如何选择技术是一个重要的问题。人类的理性在技术选择中起着至关重要的作用，理性又可分为工具理性和价值理性，其中工具理性是技术选择和发展的内在动力，价值理性规范和引导技术选择的方向，对技术选择行为进行反思，协调好两者之间的关系是实现合理技术选择的基本条件[110]。

对于技术选择有两大研究角度，从比较狭窄的视角来看，以企业及个体技术为研究对象进行技术的选择，以实现技术进步及企业的经济效益及发展为目标；另一个研究视角是比较宽泛的，是从技术选择与人类社会之间的关系、影响进行研究。本书就是从后一研究视角，认为技术选择受多种因素制约，在制定技术选择方案时，应当从国家和社会的整体利益出发，受到社会、环境和经济三重目标的影响，需要解决这三个方面的主要矛盾。

第二节　中国城镇化的历史发展轨迹和面临的现实矛盾

纵观世界各国的城镇化历程，无论是发达国家还是发展中国家，城镇化的过程一直伴随着矛盾的产生。2003 年《新闻周刊》的一个封面故事就发表过"亚洲的城镇化是爆炸性的并很可能是个诅咒"的观点。从世界范围来看，发展中国家城镇化进程中存在的矛盾、产生的问题显得尤为突出。

笔者认为，新型城镇化应该将传统城镇化中的矛盾与问题加以解决，真正实现"化人"的目标。那么中国城镇化的主要问题与矛盾到底是什么？

一、中国城镇化历史发展轨迹

从冰河时代起，人类聚落规划和住宅产生，都是根据具体的自然环境自然形成的。中国古代在自然经济下，城市规模，如古长安，人口可达百万，但城市人口与农村人口相比，仍然比例较低。所谓城市化（城镇化）是指工业化以来，城市产业的聚集所带来的城市人口的大量聚集，改变了城市和农村人口的比例。世界城市化的历史中既有缓慢发展的阶段，也有快速跃迁的阶段。那么，中国的城镇化历史又是一种什么样态呢？

笔者认为，自洋务运动以来，工业化在中国开始萌芽，虽然也有新型城市规划的建设实践和民族产业的发展，农村人口开始涌向城市，但由于受到世界列强的侵略，以及受到军阀割据的困扰，中国城市化的发展不均衡，城市化进程缓慢，因此，中国真正的城镇化应当从新中国成立后才得以大规模展开。本书将中国传统城镇化的历史发展分为四个阶段：（1）1949—1978 年为政府主导的城市化阶段；（2）1978—2000 年为双模式并存的城镇化阶段；（3）2000—2014 年为都市化的快速发展阶段；（4）新型城镇化发展阶段（2014年至今）。

1. 政府主导的城市化阶段

新中国成立至改革开放之前，中国的城镇化进程主要为自上而下型政府主导模式。

旧中国的城市具有半殖民地半封建性质，与农村严重对立。新中国成立后改造了旧中国遗留下来的城市，建设了一批新的城市，城市的现代工业、市政工程和公共设施不断发展，城市面貌得到改变。如青海省会西宁，新中国成立前，城市建设十分落后，全城只有一条半里长的石子路，人们戏称西宁为"泥泞"。新中国成立后，城市建设受到党和政府的高度重视。1956 年，开始铺修第一条柏油路。1958 年，进行第一次城市规划，西宁市城市建设进入科学、合理、有计划的发展道路。

小城市发展缓慢，城镇人口的地区分布有了合理的改变但仍不平衡。

从 1949 年到 1978 年以前，中国的城市化相当缓慢，在 1950—1980 年的 30 年中，全世界城市人口的比重由 28.4% 上升到 41.3%，其中发展中国家由 16.2% 上升到 30.5%，但是中国仅由 11.2% 上升到 19.4%。这种城市化的缓慢并不是建立在工业发展停滞或缓慢的基础上，正相反，改革开放前的 29 年，中国的工业和国民经济增长速度并不算慢，工业总产值 1978 年比 1949 年增长了 38.18 倍，工业总产值在工农业总产值中的比重，由 1949 年的 30% 提高到 1978 年的 72.2%；社会总产值增长 12.44 倍[111]。

这一阶段的城市化有如下几个特点。

一是政府是城市化动力机制的主体。由政府制定详细的规划，从"一五"计划（1953—1957 年）到"五五"计划（1976—1980 年），城市发展规模都是由政府计划规定的。

二是以工业化促进城市化。城市的扩张主要是出于工业产业的发展，新城市建设也是出于工业化的需要，城市化的区域发展受高度集中的计划体制的制约。新增加人口，如北京，多是由于首钢这样的工业企业发展需要。新型城市建设也是依据工业化布局，如石油城市克拉玛依市、大庆市和东营市的建设各具特点。

三是城乡分离严重。自 20 世纪 50 年代中期以后建立了城乡二元分割的社会结构，使得城市化长期处于停滞状态。户籍制度的建立使城市与农村人口的流动极少。城市化对非农劳动力的吸纳能力很低。

2. 双模式并存的城镇化阶段

20 世纪 80 年代改革开放至 20 世纪结束的这一时期内，自下而上出现了"农村建立乡镇企业，离土不离乡"为特色的小城镇化模式，与此并存的是由政府主导的、自上而下的"城市为主导，以城带乡"的城镇化模式。

前者是由中国乡村工业化掀起的城镇化。"村之首、城之尾"的小城镇作为中国乡村工业化与城镇化的重要载体，产业集群是乡镇企业与小城镇之间互动的媒介，通过集聚效应、扩散效应、示范效应和规模效应来发挥作用，且互动的过程有利于形成创业网络，促进传统农民角色的转化[112]。

中国乡村工业化掀起的城镇化模式包括苏南模式、浙江模式、珠三角模式（广东顺德模式）等。苏南模式可以概括为内外结合，"乡村为主导，乡镇企业拉动城乡经济发展"[113]。浙江模式可以理解为内力自生型发展，即在农村经济（尤其是乡镇企业）发展的基础上，乡镇自行生长、形成和发展，典型代表是浙江的温州模式[114]。

珠江三角洲模式主要是依托区位优势和历史条件，利用外来投资和集体土地资本化来推动当地农村工业化，从而推动农村地区快速城镇化。该模式受到地缘因素的影响，完全对外开放[115]。

自上而下的城镇化发展模式是指城市建设的发展以及城市产业聚集的带动作用。产业聚集是城市化发展的主要动力，其作用表现在产业聚集带动了分工，集中了需求，形成了辅助性的服务，进而促进了城市对农业劳动力的吸收。其主要特点是"城市吸纳农村劳动力转移，离土离乡"。从城市人口看，从 20% 到 40% 的城市化率，英国用了 120 年，美国用了 80 年，中国仅用了 22 年。从城镇数量看，据近 100 年的统计，美国城镇数目大约是每 20 年增长 1 倍。在中国，1978 年全国共计有小城镇 2176 座，到 2000 年猛增至 20312 座，有近 90% 的小城镇是改革开放后建成的，平均每年增加超过了 820 个[116]。这一阶段存在着宏观控制力弱、工业点空间布局分散、农村土地开发粗放、利用效率低下、农地减少过快、环境污染严重及治理成本升高等一系列问题。

3. 都市化的快速发展阶段

这一阶段的时间区间为 2000—2014 年。中国开始步入都市化时代。到 2010 年，中国粗具形态的城市群超过了 20 个，人口超过 500 万以上的城市达 12 个，超 1000 万的城市已经有 4 个。这一阶段的特征是大城市急剧膨胀，更多的农村人口涌入城市，大城市在快速的土地扩张中，提升城镇化率。从人口的城市化来看，2012 年中国达到了 52.6% 的城市化率（国家统计口径称城镇化率），从一个侧面反映了中国城市化的现状。

这一阶段城市化的发展也带来了如下一些尖锐的问题。

借助中心城市和城市圈的发展，集聚着国家和区域最优质的人口、资源和资金，是中国国家综合实力和国际竞争力的核心板块。带来的问题是中心城市发展过大过快，造成超过城市能容纳的限度，城市交通拥挤、环境污染问题突出。

中国的人口城市化大大滞后于土地城市化，大量乡村人口进城为城市化发展做出了巨大贡献，却没有实现真正的市民化，"更没有分享到与其巨大贡献相一致的城市化收益"[116]。若按居住地来计算，中国的城市化率已达 52%。若按户籍人口计算，2012 年中国人口的城市化率只有 35%；众所周知，户籍与教育、住房、医疗等多项福利相关联。

农村则更严重地空心化，只剩下老弱病残人口，土地荒废化，留守儿童等社会问题到了不能不解决的程度。

4. 新型城镇化发展阶段

2014 年《国家新型城镇化规划（2014—2020 年）》的出台，标志着新型城镇化发展阶段的开始，规划主词由城市化改为城镇化，代表了新的理念，将开拓新的实践。

在学术界，这一理念最早由武汉大学辜胜阻教授提出，即"二元城镇化发展理论"。该理论认为：绝对的"大城市论""中等城市论""小城市论"者所主张的发展某一类城市的观点都不符合中国的实际。他主张以"城镇化"而非"城市化"作为中国现代化发展的模式[117]。首先，中国人口众多，中国大城市能源和自然资源的超常规利用的压力使城市无法承受，不可能采用与欧美等发达国家的城市化一样的模式；其次，同样是人口密度很大，但中国与日本相比，中国城乡发展不平衡，城乡二元分割的社会结构严重制约了城镇化健康发展。因此，针对这一系列问题，必须采用适合中国国情的路径和模式。

今后新型城镇化的主要任务不再是一味扩大城市的空间，而是要着眼于农民工进城落户、迁徙人口在城市定居，即人口的市民化，其中首先是已经进城的 2.6 亿农民工市民化。

同时，新型城镇化的另一个主要任务是解决城乡协调发展的问题。城市化是世界上所有国家和地区实现现代化的必由之路；科学合理地推进城市化进程，是中国消除城乡二元结构、促进城乡协调发展的基本途径。

新型城镇化面对的种种困境既是挑战，又是机遇。城镇化是中国当前最大的市场需求，工业化是创造供给的，新型城镇化是创造需求的。城镇化不仅会产生巨大的消费需求，而且也会产生巨大的投资需求，它是一个投资需求和消费需求很好的结合点。

虽然在世界上的各个地区会有新矛盾伴随着城镇化而生，但学界普遍认为城镇化是不可避免的，是发展中国家实现现代化的必由之路，而新矛盾的产生也是不可避免的。正如马克思主义认为的那样，认识与实践是作往复运动的，实践—认识—再实践—再认识，我们在城镇化的进程中不断实践，同时也在不断地总结新的理论，进而指导下一次实践，所以中国政府才提出"新型城镇化"。

党的十八大的政策方针更说明新型城镇化改革方案已进入决策层视野，开始引领中国的城镇化建设。新型城镇化把"人"放在了首位，以人为本成为了发展的理念。传统城镇化中的弊端和带来的后果，要在新型城镇化的探索中克服和改变，以期达到"新型"城镇化这一目标，实现"化人"的目的。新型城镇化应该具备"新"特征，才能为其带来强大的生命力，符合时代的发展要求，为中国经济的发展带来内生性的推动力。

二、 中国新型城镇化面临的现实矛盾

中国作为世界人口大国，城镇化从新中国成立时期的存在，直到 20 世纪 70 年代缓慢发展，从 70 年代末借改革开放之势至今稳定发展，其中以工业化作为趋动的沿海地区速度最快。在中国的各个地区，城镇化发展的过程也产生了很多的矛盾和问题。

中国城镇化的发展特征与中国经济增长的模式密切相关，有一种说法是"粗放式增长"，指中国经济增长的特征是"高投资，高能耗，低效率，低技术进步"的"两高两低"，和由此而带来的"高增长，低消费"，造成人口、资源和环境的矛盾。可以将中国传统城镇化概括为一种"粗放式"前进的传统城镇化，其遗留了尖锐的矛盾冲突。中国城镇化产生主要矛盾和冲突的另一个原因是对城镇化理解的偏差，将城镇化理解为城市化，由此加剧了城乡二元化的对立。

中国新型城镇化面临的现实矛盾可概括为：城乡二元化带来的社会多主体矛盾；严重的生态问题与经济发展的矛盾；不协调的城镇化技术体系与城镇化迅速发展的矛盾。

1. 城乡二元化多主体对立的社会矛盾

城镇化的核心是人的城镇化。在中国传统城镇化的道路上，作为主体的个体的人，及由人组成的群体的政府扮演着什么样的角色，发挥着怎样的作用呢？对于传统城镇化中的个体，他们在中国传统城镇化中的角色及作用大致分成两类。

　　一类在城镇化进程中成为"真正的"城市人。为什么在"真正的"这个词上用双引号呢？因为"真正的"城市人也可有两种理解。一种是取得城市户口，并且具有较稳定的经济来源的人，这些人中包括原土地所有者变成依靠级差地租带来极大收益的拆迁户，及在大城市中发展良好取得户籍的人。这类人群在传统城镇化过程中，拥有了城市户籍，但因为城镇化中由乡村演变为城镇的这个城市本身的特征及发展水平，他们与很多大城市市民能够享有的物质和精神的权利（医疗、养老、交通、公共设施、公共服务等）相去甚远。这一种"真正的"城市人与我们"化人"的目标不能吻合，而进入大城市取得户籍的人，又有很多人无法从文化和精神上真正融入到这些城市。另一种"真正的"城市人是上一种人的二代或三代，他们因为上一代或上两代人享有城镇化的成果，使得自身成为与大城市市民享有同样权利和生活的人。当然他们中有很多已经从这个城镇迁移到更大、更发达的城市。这一种人的生存状态更贴近"真正"两字。

　　另一类，并没有真正成为城市人。其中部分人拥有新城镇的户籍，部分人进入到大城市生活但没有户籍。前者，他们虽然拥有新城镇的户籍，但在乡村演变为城镇的进程中，他们因为失去土地而失去生活的来源，成为传统城镇化的利益受损者，在城镇化进程中自身利益受到损害，失地带来的是身体与心灵家园的双重缺失。后者，这些离开家乡到大城市生活工作的人，他们虽然生活在大城市，但经济上无法满足在城市生存及发展的要求，成为中低收入群体或城市边缘群体。城市居民的一切福利待遇他们都无法享用到，住房、医疗、养老、保险、教育等都成为他们在城市生存的硬伤。他们被迫承受着城市的高房价、高消费，无法真正融入到生活的城市，无法真正成为一个城市人。

　　传统城镇化中的群体，本书特指的是由个体组成的地方政府。很多地方政府的目的性很强，将城镇化率当作政绩和任务。这么做的结果使他们中的个体及这个群体成为利益受益者，但同时从发展的观点来看，他们同时也是利益受损者，只是他们不自知。

传统城镇化的高投资、快速的土地扩张，为地方财政带来了大力的支持。因此，地方政府及地方官员是利益受益者。因为地方政府可以通过这种财富的增加提高本地的公共支出，使由乡村发展为城镇的地方最快地完成财富的汇聚。同时，地方官员可以凭借业绩和从中取得的权力得到升迁及更大的权力。

地方政府及地方官员同时也是利益受损者，是从长远及发展的眼光来看待的，只是他们不自知。城镇化资源、能源的浪费，环境的污染，都给这些城镇带来发展的硬伤。怎样才能可持续发展，成为地方政府必须面对的问题，否则生存都要成为问题。而对于地方官员来说，在这个过程中，充分的地方财政收入往往会造成浪费现象，重者会萌发贪污、受贿的违法行为。一些地方官员在一片大好的形势中，失去了作为政府公务人员最起码的底线，等待他们的是可预见的结局。

因此，新型城镇化需要多学科通力合作，在社会组织制度、顶层设计方面着手解决这些矛盾；从技术角度，则需要综合城镇规划技术的支撑。

2. 严重的生态问题与经济发展的矛盾

大多数发展中国家城镇化中遗留下城市贫困、交通拥挤、空气污染等问题，一直困扰着他们今天的发展，城市服务业无法满足市民的各种要求。中国在传统城镇化进程中，与世界上诸多发展中国家一样，遗留下明显的问题和矛盾。无论是以城市外扩的方式还是原来的乡村转变为独立城镇的方式中都存在如下三个方面的问题。

首先，居民社会生活无法保证质量。如前文所述，中国传统城镇化的方式是依赖投资、土地扩张，快速发展经济，而忽视社会服务，民生与环境类发展受到极大的阻碍。有学者用"半"城镇化来形容这样的现象，认为传统城镇化的造城是"摊大饼"的结果。城市的基本公共服务系统无法提供均等的服务，最突出的问题集中在就业、教育、医疗、养老、住房、基础公共服务设施等方面。无论是进城的农民工还是在本地城镇化后的新城市人，他们的社会地位、居住条件、生存生活感受等都无法保证他们的生活质量。在这样的状况下，进城的农民工更是只能成为隐形的城镇化居民。

其次，城镇的生活空间留下陷阱。以房地产行业为抓手的城镇化运动，带给城市建筑无法言说的现状和未来。虽然受到地理条件、文化背景及各地区经济发展水平的制约，各地区的城镇布局各有差异，但中国传统城镇化追求片面的发展速度，使得城镇建筑在遵循建筑原则的这个基本基础之上，缺少了对当地环境的回应，抛弃了可持续的设计技术策略，忽略了城镇公共空间的设计，更无从谈起各建筑物内部与城镇的结合。不同城镇的建筑组群无法拥有自身独特的建筑肌理，使得政治、社会、市场、文化无法成为城镇生活空间的背景。这样的城镇空间建构，留下的是对城镇宜居、独一无二、赏心悦目的目标最大的阻碍。

最后，过度的经济发展使城镇失去未来。如前文所述，依赖于大量的投资，并进行快速的土地扩张，以达到提高城镇规模的目的，进而实现城镇化，这是中国传统城镇化的"粗放式"增长模式，这种模式造成了房地产行业的蓬勃发展，可是民生、环境类投资远远落后。工业化伴随着城镇化，但农业化远远落后于前两者的发展。中国的三产中，第三产业所占比重虽已占据领先地位，但其比重与发达国家相比，无论是数量还是质量都还无法具有明显的优势。这种方式发展起来的城镇形态，还伴随着对资源、能源的过度消耗，并造成了严重的环境污染，而这类行业的竞争力往往不强，却又低回报。城镇陷于过度的经济发展状态下，轻则后天发展乏力，重则失去发展的未来，这对城镇及城镇居民来说是威胁生存的打击。

因此，解决严重的生态问题与经济发展的矛盾需要整个社会树立可持续发展的观念，调整产业结构，大力发展循环经济、生态农业和新型城镇化绿色技术。

3. 不协调的城镇化技术体系与新目标的矛盾

前文已经针对中国传统城镇化的特征进行了总结与阐述，需要强调的是中国城镇化的飞速发展是与工业化和现代化的实现同步而行的，这"三化"之间还相互作用。中国城镇化目标似乎成功了，与其他国家的城镇化一样实现了，就真的可以用"殊途同归"来概括了吗？中国粗放式的城镇化伴随着土地的快速扩张，这样的归途不是我们城镇化的真正目标。因此国家才提出新型城镇化，是以城乡统筹、城乡一体、产业互动、节约集约、生态宜居、和谐发展为基本特征的城镇化。而传统城镇化的过程中并没有建构起与这一目标协调的技术体系，其主要表现为以下特征。

第一，城市建设技术的快速发展与乡村建设技术的落后并存。伴随着土地扩张的传统城镇化，房地产行业迅速发展，建筑类技术成为传统城镇化中得到最大发展的技术类别，同时也成为中国传统城镇化进程中的支撑技术。中国传统城镇化中的城镇、城市的硬件实现，离不开各种建筑技术的支持，建筑类技术覆盖面广，涉及的专业多，与人、社会、城市息息相关。规划技术为城镇化提供总体空间布局，虽然因为各种因素结果不尽如人意，但这种技术确实在城镇化的过程中扮演着越来越重要的角色；建筑设计技术为城镇与城市中的各种建筑物的存在打下基础，这些技术的存在都在一定程度上扩大了人的就业，推动了城镇化的发展。但是乡村的道路、基础设施建设却大大落后于城镇。大城市的建设可与国际最先进的大都市媲美，可许多乡村的建设却还停留在近代水平。

第二，与民生和环境可持续发展密切相关的生态技术被忽略。在传统城镇化技术体系中这一类技术只是与上一类建筑技术密切相联系的其他类技术，是主要对城镇建筑发展起到推动作用的相关技术。节能环保技术也在传统城镇化的过程中被使用，但遇到利益冲突时，总是被最先忽略。

第三，信息技术、智能技术等先进技术在城、乡发展不平衡。信息技术是与各种建筑技术融合的技术综合，如将信息技术与建筑规划技术相结合，预测城镇化进程中的生态风险；智能网络技术提高城镇建设的自动化程度；云技术提升城市基础设施的建设。这类技术在城市化的进程中刚刚得到运用，在乡村建设中则发展缓慢，沿海发达地区除外。

第四，实现城镇化相关的技术间接影响了城镇化的健康发展。这一类可称为城镇化技术的支撑技术，如城建技术需要钢铁，那么冶金技术就构成了城建技术的支撑。这类技术是以推动工业化及经济发展为主要目标的技术，进而在这一类别的技术中，涉及的技术种类繁多，又可概括地分为传统工业化和新型工业化的各种技术。传统工业化以重工业技术为代表，消耗大量资源、能源，高投入低产能，如冶金技术、钢铁技术、机械技术、能源技术等；而新型工业化大力发展符合能源、环境与人类要求的新型节能环保产业，以技术改造为目的的各种高新技术成为了主力。

传统城镇化的技术体系不协调，总体上并没有有效地支撑城镇化健康发展，并且因为传统城镇化自身的目标及发展过程中的各类问题存在，与之相关的各项具体技术都存在着差异性和局限性。新型城镇化发展的根本目标是城乡协调发展，要求配备新的技术体系来支持新型城镇化的实现。

新型城镇化技术体系是一个复杂的系统，在总体把握的基础上，需要针对现实矛盾，选择更有效的技术领域来解决问题，因此，新型城镇化重点技术领域的选择变得格外重要。

第三节　新型城镇化技术选择的原则和路径分析框架

新型城镇化的技术体系是庞杂的，笔者试图通过解决新型城镇化的现实矛盾来对新型城镇化的技术进行选择，也就是寻找新型城镇化的解决现实矛盾的关键技术。如单纯从技术自身角度看，新型城镇化的技术选择需要满足技术的进步性、技术的适宜性、技术的集成性，更需要软硬技术的融合。新型城镇化需要先进技术作为支撑；需要根据不同地区，采用不同层次的技术；新型城镇化的重点技术领域不是单一的，而是由多项技术组成的系统，具有一定的集成性；需要"硬技术"与"软技术"的相互作用。但是中国城镇化进程中遗留了很多的矛盾和问题，无法保证居民社会生活质量，城镇的生活空间留下陷阱，过度的经济发展使城镇失去未来，这些现实矛盾都要在新型城镇化中解决。因此，单从技术角度是无法满足新型城镇化的技术选择的。

笔者从科学技术与社会的角度将新型城镇化技术的选择建立在解决城镇化现实矛盾的新的价值评价标准基础之上，将技术的选择原则确立在技术、社会、环境的关系之中，以解决中国新型城镇化的各种现实矛盾为目标，进而提出新型城镇化技术选择的原则和路径分析框架。

一、 技术选择的一般原则

技术的存在必然是为了满足人类的某种需求，不同社会、自然条件之下，所采用的技术类型不尽相同，但所选用的技术必须要满足社会公众、企业的需要，这是对技术进行选择的基础。技术选择不仅是对硬技术的选择，也是对其如何应用提供指导方针和原则；并且要满足经济利益的需求，更要满足社会的需求；不同时期这些需求会发生变化，技术选择的原则也不是一成不变的。

但总体上对于技术选择的原则多是从经济学角度提出的，虽然也考虑技术选择对社会、环境的影响，但首要的出发角度还是经济效益。STS 视角的技术选择更多地从社会角度对技术进行分析，能有效地规避技术工具价值的过分膨胀和经济效益的左右，是希望技术发展与人类社会更和谐的呼声。

1. 经济学视角的技术选择原则——利益最大化

经济学视角的技术选择，以经济利益最大化为基本原则。对于企业来说，它的最终目标是提高企业整体绩效和整体竞争力，因此利润最大化或者成本最小化原则是其进行技术选择的核心原则。该原则的实现是通过对资本和劳动等生产要素的相对价格变化的考察，依次以劳动替代资本或资本替代劳动的形式进行的。工资率和利率的相互比较成为"技术选择"决策的关键[118]。从国家角度进行技术选择的主要目的是解决发展中国家在追赶发达国家的过程中的技术引进问题。林毅夫的技术选择假说比较具有代表性，认为一个经济的最优产业结构是由其要素禀赋结构所内生决定的。要素禀赋结构升级为产业和技术结构升级提供了基础。对于发展中国家来说，政府的发展战略至关重要，并且遵循比较优势的战略将有助于发展中国家向发达国家收敛[119]。

无论是从企业还是从国家层面进行技术选择，其主体都是多层次、多部门、多学科的。对同一技术进行选择的立场不同、出发点不同、评价指标不同，选择的结果也可能不同。因此在进行技术选择时，不仅要有内部的专家，也应吸收外部的评价主体。如企业层面进行技术选择时，既应有企业内部的专家，也应吸收来自企业供应商、客户、技术创新合作者等方面的专家参与；在进行技术选择时，必须充分听取相关利益方的意见与建议，特别是关注被忽略的相关主体的利益。技术选择的客体确立并没有规范化的标准，但需要采用一定的原则确定技术选择客体的目标，也就是说要选择什么类型的技术是有一定原则的[109]。一般情况下，战略上的重要性是选择什么类型的首要标准；其次还要考虑所选定的技术产生的后果，对企业战略目标的影响；再次要确定企业的技术优先级，哪些是优先考虑的，哪些是其次的；最后确定战略行动，对所选择的技术是采用技术引进还是自主创新。

2. STS 视角的技术选择原则——兼顾社会、经济与环境

技术受到社会的选择，对技术的选择要兼顾社会、经济与环境等因素。社会选择是技术形成和演变过程中的重要一环，起着极为重要的作用。STS 领域的学者认为技术具有可选择性和社会建构性，因此从社会因素入手来分析技术的选择，要考虑社会、经济、文化、环境等诸多因素，这些因素共同决定技术的内容。政府、公众、企业都可以作为技术选择的社会因素，社会选择可以满足人们不同的需要，也反映社会不同群体、不同阶层的利益和愿望，社会选择的过程，也是不同利益集团之间博弈的过程。因为技术选择会决定技术的优胜劣汰机制，优化资源配置，也满足了不同利益集团的需求。

技术的社会选择虽然同样是为了满足不同主体的利益和需求，但根本原则是兼顾社会效益、经济效益与环境效益，因为技术的发展受到这些因素的影响。对于这些影响因素具体由哪些构成，不同的学者有不同的认知。除了社会、经济、环境等因素之外，文化、意识形态、国家政策甚至是军事因素等，在不同的时期，根据不同的问题，都可能是技术的社会选择因素。将社会因素来作为技术发展的条件也不是一个简单的单向过程，这些因素的作用一旦得到发展和贯彻执行，技术就不仅对它们的环境产生反应以生成新的技术形式，而且也会产生新的环境[120]。因此技术的社会选择，从一定程度上为技术的工具理性与价值理性的统一提供了可能的途径。实现技术的进步是技术的社会选择的原则和目标。技术的社会选择并不意味着技术发展的终结，而是技术发展的根据和新的起点，以实现

技术的发展为目的。"在人类的技术活动中到处都有选择，而且技术发展的任务正是要做出恰当的选择。"[121]从选择中对技术提出新的要求形成技术发展的新的动力，导致技术向更高的水平发展。

从新型城镇化的利益主体来说，要充分满足乡村主体的利益，以及子孙后代的利益要求，并非以经济利益为首要原则，而是从根本上兼顾社会、经济、环境效益，这对于新型城镇化的技术选择来说，是一个新的课题。

二、 解决新型城镇化现实矛盾的技术选择原则

笔者以价值论作为分析角度，建立解决城镇化现实矛盾的价值评价标准，以此来作为新型城镇化技术选择的原则。

科学技术在近代人类历史发展的过程中起着举足轻重的作用，但对于在中国传统城镇化进程中产生的污染问题、安全问题等，有人认为科学技术是原罪，我们不应该将人类的生活建立在科技发展的基础上。但科技哲学家们早就告诉我们，科技是没有价值的，是人类赋予了它们价值。生态现代化理论的研究者 Arthur P. J. Mol 就说过，现代的科学和技术是生态经济中的主要机构，生态现代化离不开现代技术[122]。随着技术的不断创新，各种新兴技术不断涌现，这些新兴技术形成的技术系统是城镇可持续发展的物质保障，无论是工业化还是农业化，都离不开技术创新，新技术系统是新型城镇化的主要动力，同时也是解决传统城镇化遗留的矛盾及问题的主要手段。

1. 新型城镇化价值相关概念的界定

价值一词，在英语中是"value"这个单词，对应德语中的"wert"。德国价值哲学创始人威廉·文德尔班认为，价值是哲学为世界立法的"规范"，价值就是意味着，就是具有意义；我们就是借助于这种意义，才能构造出科学知识和文化的对象，即客观世界[123]。马克思曾对价值的词源做过考证，认为"价值"一词源于古代梵文和拉丁文的"堤坝"，有掩盖、保护、加固的意思，"价值"是在该词派生的"尊敬、敬仰、喜爱"之上进一步形成的[124]。对于价值的理解，除了日常生活中"好"与"坏"这一对判断标准外，马克思把人类物质经济生活中，人如何判断物及物与人之间的关系

用"价值"与"使用价值"这一对词语来描述。马克思主义哲学认为，"价值"是提示外部客观世界对于满足人的需要的意义关系的范畴，是指具有特定属性的客体对于主体需要的意义，表达的是人类生活中一种普遍的关系。根据马克思对价值的定义，李德顺把"价值"理解为对主客体相互关系的一种主体性描述，它代表着客体主体化过程的性质和程度，即客体的存在、属性和合乎规律的变化与主体尺度相一致、相符合或相接近的性质和程度[125]。人作为评价的主体，对任何事物价值的判断，包括对人自身的判断，都是以人自己的尺度去判断，因此主体的尺度就是价值的尺度。

除了马克思主义哲学对"价值"在人类经济生活中的哲学解释，价值也包含自然价值、社会价值等方面的意义。罗尔斯顿的自然价值论在环境伦理学史上具有革命性，他把内在价值赋予自然，突破了人们关于价值观念的传统认知，此外，他把自然看作一个客观的有创造性的系统，有着自身的价值体系[126]。自然价值具有客观性、创造性，自然不仅具有工具价值和内在价值，还具有超越两种价值的系统价值。而对于社会价值的理解，有学者曾经从价值论的角度来分析过，认为社会发展的代价在更深的层次上表现为人类生存方式实现的内在矛盾性，这是人类根据自己的目的，有意识地选择一定的方式去实现自己物质和精神需要的价值实践活动本身。人的价值追求和价值创造活动是以主体具有自由选择能力为前提条件的[127]。

本书中研究的价值客体是中国的新型城镇化，分为社会生活、生活空间、经济发展三个方面；价值主体是全体人民，当然还要进行扩展，包括当代人也包括后代人，包括个体也包括群体，包括农村人也包括城市人；价值内容主要是新型城镇化的生态价值、社会价值和经济价值；价值的评价是由客体满足所有主体的程度作为标准的。

2. 新型城镇化重点技术领域的选择原则

新型城镇化就其本质来说是一种人类改造世界的实践活动。针对中国城镇化存在的弊端和问题，根据政府及学术界对新型城镇化各种提法的总结，笔者认为中国的新型城镇化之路必须增加人民群众的幸福感，城乡协调，走可持续发展之路。笔者对新型城镇化重点技术领域的选择是从社会、环境、经济三个方面来共同完成的。在新中国成立后的 70 多年时间里，中国城镇化以突发式的扩张加速着进程，巨大的环境压力无法突破，在当代城市中给人的生存空间留下了诸多的问题和矛盾。恶性污染、公共场所安全、社会突发事件等，都对当代人甚至后代人的利益造成了极大的威胁。这些矛盾与问题散布于社会、环境与经济三个方面，在新型城镇化进程中，新型城镇化重点技术领域的选择必须能够有助于这些现实矛盾的解决。

首先，技术选择要解决传统城镇化"化城"与"化人"的矛盾。在客观世界被改造的过程中，说到底是为了满足人类自己的需要，因此新型城镇化的最终目的是"化"人，满足了这个条件，新型城镇化这一实践活动才能获得一定的价值。建设的新型城镇不仅仅是高楼大厦，而是要形成地区的独特地域文化，尊重人的精神幸福并使居民产生归属感。城镇居民的思维和生活方式发生变化，增加幸福感，实现人与社会的和谐发展，实现人的可持续发展，这也是新型城镇化的终极目标。

其次，技术选择要解决城镇建设过快与生活宜居的矛盾。实现城镇居民的生活空间宜居，实现城镇的绿色发展。城市、社会和自然环境之间的关系，决定了绿色发展的必然性。随着实践主体不断变化，需要客体的发展能够满足主体需要，满足主体需要的程度越高，价值就越大，主客体之间又是相互作用的。对于新型城镇化的客体来说，我们所说的"新"型城镇，要建立的是生活空间宜居的城镇，单纯的城市扩张、千篇一律的城市设计、粗放式的城镇化率增长都不复存在。要以各种场所和设施的具体表现形式来保证城镇居民的生活空间的宜居。城市建筑、绿地空间、自然资源、城市污染等各方面因素，都是保证生活空间宜居的要素；同时，生活空间宜居标准的确立，也是构成城镇可持续发展要素的必要条件。

最后，技术选择要解决传统城镇化经济发展与生态环境可持续的矛盾。经济发展适度，是实现新型城镇化功效价值的基本保证。城镇化进程中的快速发展及产业结构的遗留问题，是新型城镇化必须面对和要解决的。新型城镇化面对的是中国经济新常态，经济发展放缓，新型城镇化成为经济发展的主要推手。但经济结构、类型都应该做出调整和规划。经济发展"高速"模式，不应以环境污染、资源能源危机为代价，因此如何使经济"适度"发展成为了重要的问题。是否"适度"不仅仅关系到经济发展的快慢问题，如何发展经济、产业结构如何调整、如何提高经济发展中的城镇活力，都是需要面对的问题。

三、 新型城镇化技术选择分析框架

需要确定的是技术选择的视角和路径。社会建构对技术的选择有很多不同的进路，可以从意识形态角度进行选择，如苏联从意识形态角度把遗传基因技术界定为资本主义技术，因此对遗传基因技术进行压制；也可以从文化角度进行选择，对同一技术领域，在不同的文化背景之下对技术的选择存在着明显差异。本书选择价值论作为分析的视角，其分析路径是将价值分为主体价值和客体价值，基于主客体价值的满足，建立技术选择的具体价值标准。

基于价值论，提出新型城镇化技术的路径分析构架，如图 2-1 新型城镇化技术选择分析框架所示。

实现社会和谐价值，需要综合规划技术。新型城镇化的价值随着城镇化进程变化，要确立相应的价值尺度来为新型城镇化确立目标和发展过程中的评价标准。也就是说，新型城镇化是对主体的定性，价值是新型城镇化这一实践活动的意义和评价标准。综合规划技术不是单纯的规划技术，它既包括硬技术，也包括软技术。它以生态规划理念为核心，目标是实现人民生活幸福、社会生活和谐。新型城镇的建设需要保持整体空间设计和建筑设计的协调一致，对城镇的总体格局、绿地系统、交通组织都需要进行系统的规划，需要新的理念作为规划的支撑。应以综合规划技术为纲，生态环境、交通组织以及功能布局都是规划技术所指的方向，规划技术实施和执行过程中存在的问题提醒我们反思，如何从技术角度进行规约，即采用软技术来保证硬技术的实现。综合各个方面的需求，建立能够对应当地环境的城镇，实现城市、社会和自然环境的和谐，是综合规划技术所指。

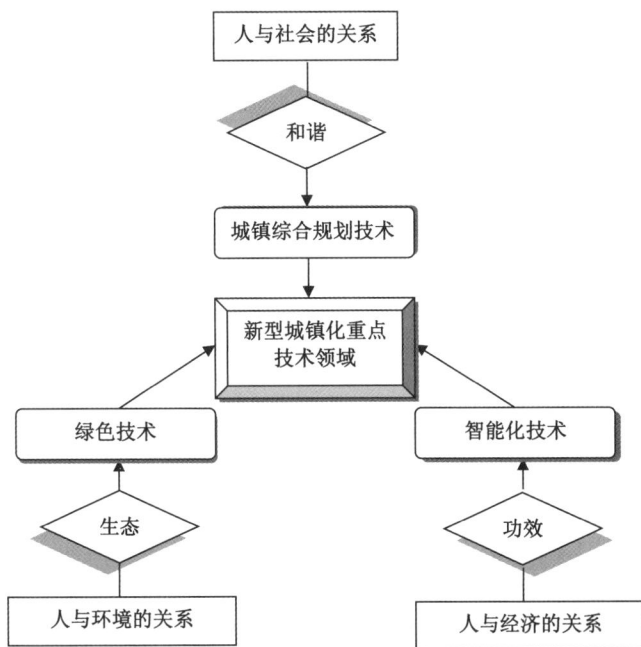

图 2-1　新型城镇化技术选择分析框架

实现自然生态价值，需要绿色技术。新型城镇化绿色生态价值的实现，不是狭义地将绿色技术作为环境因素，而是采用绿色技术建设以人为核心、以自然为本，人与自然和谐的城镇。新型城镇化绿色环境的建设，需要做好建筑设计与场地设计、节水与水资源利用、固体废物处理与资源化利用、遗产保护等多个方面的工作，需要发展以节能、节水、无害化为目标的重点技术领域保证其实现。绿色建筑技术、新材料技术、生物技术等都是保证生态价值实现的绿色技术，其中以绿色建筑技术为主。绿色建筑技术的设计、绿色建筑技术因地制宜的使用、绿色建筑技术系统配套完整都是需要考虑的问题。所有的绿色技术共同作用来保证城镇的资源及空间的合理分配，以期尽量减小现代的环境污染，尽可能打造可持续发展的城镇。

实现经济发展功效，需要智能化技术。经济发展的遗留问题，将矛盾都指向了资源的配置。当代智能化技术的发展，为城镇化注入了新的动力和活力。利用智能化技术实现智能化城镇，是实现城乡资源最佳配置的必要条件，也是乡村追赶城市的重要手段，智能化技术使得新型城镇化目标以最小的消耗得以实现。智能化技术使人们的生活更便利，改变了人的生活状态。城镇建设的智能化技术是超越信息技术的综合性技术，智能化技术在交通、工业、农业、建筑、服务业的应用，是新型城镇化技术系统中技术创新的关键环节。智能化作为技术手段，使得绿色建筑可以拥有新的发展方向和着力点，人造物的智能行为使得新型城镇的各种可持续发展特征得以凸显。

第三章

新型城镇化技术选择的路径——价值分析

在新中国成立后的 70 多年时间里，中国城镇化以突发式的扩张加速着进程，巨大的环境压力无法突破，在当代城市中给人的生存空间留下了诸多的问题和矛盾。恶性污染、公共场所安全、社会突发事件等，都对当代人甚至后代人的利益造成了极大的威胁。正如有学者所指出的中国城镇化矛盾与问题的根源在于：在中国城镇化的进程中，城镇建构具有显性和隐性两个层面，即技术建构和社会建构。中国城镇发展过程中必然需要技术作为支撑，但是传统城镇化的进程中忽略了对社会的建构，导致在一定程度上技术建构遮蔽了社会建构，并因此引发了一系列社会矛盾和问题。新型城镇化的技术建构，应当重视以新的理念、新的价值目标为引导，才能保证技术的健康发展。

笔者采用价值论的路径，分析新型城镇化目标所内含的价值，剖析这些价值与传统城镇化价值的不同，认为这恰恰是实践中产生问题与矛盾的原因所在。由此形成新的评价标准，作为技术选择的价值基础，符合新型城镇化重点技术领域选择的根本原则，以支撑新型城镇化这一实践活动的目标实现。也就是说，新型城镇化的进程中需要建构价值评价标准，为重点技术领域的选择找到路径。

第一节　新型城镇化的价值主体扩展

在中国新型城镇化的实践道路上，不论从何种意义上说，价值的主体只能是广义的人，而不是物或者其他生命。但因新型城镇化自身的典型特征，建立新的技术支撑系统，构建价值体系，依靠科技创新实现可持续发展，这些决定了价值的主体不仅仅是个人或泛指的人类，应该包括各种社会集合形式，如群体、社会组织、政府、个人、人类。人的社会地位、需要、利益、能力上的各种差异，使得主体价值形式的表现具有多样性。本书在进行研究时，根据新型城镇化的发展目标，将价值主体进行划分，从农村人与城市人、当代人与后代人、个体与群体几个层面来对新型城镇化的价值主体进行扩展，以此确立新型城镇化的价值主体体系。

对新型城镇化的价值主体进行扩展，以此确立新型城镇化的价值主体体系，所有价值主体利益的统一才是新型城镇化进程中主体需求的满足。主体价值的实现，我们所说的"化人"，内涵不是单纯指农村人口城市化，最根本的目标是消除城乡差别，消灭城乡二元化，没有城市农村的区别，人在农村也能安居乐业。

一、农村人与城市人的利益统一

城市外扩、乡村自身发生变化，中国的城镇化进程中新城镇的产生主要是基于这种途径实现的。我们对农村人与城市人的主体区分，是随着主体的发展、时间的流逝、社会的变迁不断发生变化的。在城镇化的进程中，人口是不断发生变迁和流动的。大量农村人涌入城市，在城市生活、工作；也不断有城市人因为对乡村环境、安宁生活的向往，逃离城市。我们对农村人与城市人的定性是将户籍地作为评价的标准，但居住地的变化，使得主体进行实践的客体的范围、具体的实践活动都会发生变化。因此，我们在讨论农村人与城市人的利益差别及如何统一时，必须要注意这种人口流动带来的主体利益复杂的变化。

1. 农村人与城市人的利益冲突表现

国外有很多学者探讨城市的失序与秩序的重建问题，国内有更多的学者探讨城乡冲突问题，问题之所以存在，是因为关乎不同类型主体的利益，而这些主体的利益又存在着冲突。本书研究的农村人与城市人是根据中国户籍制度定性的，而并非居住地，在城市工作、生活的农民在中国有一个特殊的称谓——"农民工"。本书要探讨城镇化进程中长期累积的城乡二元结构形成的固化的利益格局，对农村人与城市人利益造成的影响及产生的冲突。

中国的城乡差距体现为收入水平、消费水平的差距。城镇化使一部分农村人变成城市人，但却是变成城市贫困居民。一次性买断、土地补偿使得城镇化进程中的农村人成为城市人，但同时失去未来的生活出路，又回到了艰苦生活的原点，造成二次贫困。农村人变成城市人，身份转化的同时并没有伴随着意识的转化。外在变了，而生存的竞争力并没有及时提升。《环境保护法》保护城市人远离污染的同时，但少数污染的工业企业却转移到乡村及城镇发展，城市人的利益得到了保护，而农村人的利益呢？城市人更高的人均收入，伴随着更高的消费水平，也给资源消耗带来更大的压力。一方面城市人享受美好环境、过着更舒适的生活，另一方面伴随着农村人生活环境的恶劣、生存空间的狭小，利益怎么能不产生冲突呢？究其根本，利益冲突的根源不是城镇化本身，是政策、是措施、是法律制度、是意识。正如前文分析的那样，如果城镇化还是像中国传统城镇化那样，城市飞速发展，乡村快速衰落，城乡二元化加剧，城镇化只是建筑的城镇化，农村人只能承担城镇化带来的恶果，那么，农村人与城市人只能永远是泾渭分明的两类人群，无法实现人的城镇化，这显然不符合中国新型城镇化的诉求。

2. 实现农村人与城市人的利益统一

城市是大规模生态足迹和温室气体的重要制造者，噪声、污染、贫困，城市化对城市人产生了极大的困扰，但城市的发展使农村彻底成为了竞争的"输家"，人口的流失、服务供给的减少、失业，使得中国的乡村从根本上失去了竞争的资格和机会。那么中国新型城镇化目标之一就是要解决这些传统城镇化遗留的问题，将割裂的农村人与城市人的利益统一起来，使得户籍再无法成为判断人幸福与否及生活质量的标准。

任何社会群体需求的满足都不应以牺牲部分群体利益为前提，这是实现农村人与城市人的利益统一的基础。从社会的角度，住房、失业、异化等问题影响了不同人群对物质利益与精神需求的统一；从环境角度，无论是现在的部分城市，还是原始乡村，都不是以可持续性发展为目标的城镇；从城市建筑角度，环境、文化、美学都需要纳入考量的范畴；多方力量合作是实现城市乡村可持续发展的必要条件。一系列的配套制度需要建立并完善，如户籍制度、城镇行政管理体制、土地制度、农民工市民化进程等相关配套。新型城镇化更注重提升人的发展能力，可以通过大力推进农民工待遇的平等化，建立统筹城乡的社会保障制度，形成良性支撑经济发展的技术体系等各种具体方法与制度来实现。但需要明确的是，在解决农村人与城市人利益存在差别这一问题上，依靠的不是解决农民进城问题，也不是使所有农村变为城市，而是实现消除农村与城市之间区别这一最高境界，那么如今讨论的流动人口的迁移、户籍制度、社会融合等问题都将不复存在或发生质的变化。因此，本书认为新型城镇化不是单纯地实现城市的发展，而是实现乡村自身的振兴，这一观点也恰恰符合了中国城镇化的最新实践方向，两个方面同时进行才能从根本上实现对人存在价值无差别的城镇化。当然，也要兼顾现有情况下的具体问题，如进城的农民城市化的问题、乡村衰退问题等。这一根本解决的途径不是一下子就能实现的，因此要分阶段、分层次地进行。

二、 当代人与后代人的利益统一

人类社会的发展与存在，必然导致对所有资源的利用与开发，进入 21 世纪这个问题愈发凸显，人类对资源的消耗以前所未有的速度加速着，对资源的过度开发和利用成为全球性问题。依据目前的开发力度，现有资源特别是再生能力较弱的资源，将被开发殆尽，再也无法满足人类的需求。因此，国际上都开始关注这个问题，尝试找到一条可持续发展的道路。

1. 当代人与后代人利益冲突现状

在中国未来的城市发展主要趋向城镇化这个大背景下，可持续发展问题涉及当代人和后代人的诸多需求，这个问题在中国传统城镇化的过程中已凸显。世界环境与发展委员会发布的《我们共同的未来》报告中，对可持续发展的定义强调了一点："人类有能力让发展可持续，是既满足当代人的需要，又不对后代人满足自身需求的能力构成危害的发展。"[128]在此理念下发展的范式是必须要考虑人们的任何行动对未来的影响，社会公平、国家内部及国家之间资源公平分配、解决发展与环境之间的矛盾。

当代人与后代人利益冲突的根本来源是资源的缺少，自然界资源不发生变化，而人类无限繁衍和发展，这对整个地球的自然界来说就是一种不公平和考验。这个问题的现实性，迫使人类必须思考和解决这个问题，否则就无法摆脱困境。当代人与后代人具有不可分割的社会关系，后代人是当代人的子孙，当代人是后代人的行为代言人，两者的利益却在城镇化的过程中产生了一系列的冲突。价值的表现是复杂的，具有多层性、异质性，对于当代人来说是好的、有益的，对后代人可能就是坏的、有害的。当代人希望通过自己的努力不仅满足自己的美好生活，也能为未来自己子孙的生活打下基础。在中国传统城镇化的进程中，当代人将致富的目光锁定在既有的资源上，目标是实现土地、树林、矿山等公共资源的利益均沾，无序开发、过度开发的局面到处存在。更为严重的是，很多研究表明中国缺水与高耗水情况并存。失去理性地对资源进行开发和占有，殊不知这种行为酷似竭泽而渔，会造成后代人利益的极大损害。另一个方面就是环境的污染、生态的破坏为后代人的发展留下隐患。当代人在城镇化过程中，造成的环境污染并非仅对后代人有影响，对当代人除了可见的影响外，学者们还发现环境污染内在地影响城镇化发展。有学者将城镇化综合指数作为期望产出，将环境污染作为非期望产出，经过实证研究发现如果忽略环境污染将高估真实城镇化效率水平，环境污染是效率损失的主要原因[129]。当代人的短视，已经不需要等到后代人来承受后果，如果自尝苦果也可以成为一种使得代际公平得到重视的途径，那么当代人作为环境污染的承受者也具有了一定的意义。

2. 实现当代人与后代人利益统一

后代人作为主体的缺失，只能将当代人作为执行者，而当代人对价值客体的需要，随着主体自身的变化和发展，在性质或方向上也会发生变化。可是却无法从后代人的生存权和发展权考虑问题，真正做到代际公平。社会的发展是连续的，对资源代际分配问题的认识，是人类在发展过程中对自身行为不断反思的体现，怎样将这种连续性保持下去实现可持续性一直需要当代人积极思考且有实际行动加以保证。

价值具有时效性，价值主体应该理性地分析价值的表现形式，主体利益的满足应该用系统性的观点来看待。当代人作为城镇化的主体，不应把"眼前的""急需的"利益的满足作为城镇化发展的目标，持续性的需求、兼顾后代公平的利益满足才是城镇化的正确路径。"公平"就要求公众参与城市发展规划，不能只由设计师、政府、少数人做决定，公众参与是保持当代人之间公平的重要形式。那么如何实现当代人与后代人的代际公平呢？仅仅依靠当代人的公德心进行伦理约束，或是依靠当代人的代际公平意识恐怕无法得到完全保证。代际的权利之所以不公平，是因为后代人没有找到合适的代言人。事实上，如今是将当代人作为后代人的代言人，这就相当于当代人既是运动员又是裁判员。有学者曾经探讨，寻找一个后代人合适的代言人是解决代际公平问题的关键，分析现实社会，既对当代人有较强的约束性，又能够建立当代人与后代人的联系，符合条件的只有制度[130]。本书认为代际公平的问题不是依靠制度能够解决的，一方面要依靠科技创新带来的对新能源的开发和利用，另一方面要依靠代际公平意识的确立、伦理道德的规约、社会制度的约束、法律法规的强制等共同作用，来尝试实现真正的代际公平，实现当代人与后代人利益的统一。

三、 个体与群体的利益统一

人是认识的主体、实践的主体也是价值的主体，人又可以区分为个体与群体。群体从社会学角度来讲指的是由一定的共同利益而联系在一起的人群集合体，如果将群体看作哲学范畴，则属于认识与实践的主体范畴，反映着社会关系和社会活动的某种状态[131]。不论个体与群体是多么不同，他们是不能分离的，他们始终相互依存，因为他们的"质"是相同的，都属于同一类事物；个体与群体是相互依赖而存在的，群体是个体的集合，没有个体就没有群体。事物的发展虽然由两条线索构成，但有主次之分，个体确定事物的质，而群体是量的表现[132]。在新型城镇化进程中，我们可以将主体分为个体与群体，社会是群体，地方政府是由个体组成的群体，职业团体也是群体，不同的民族、家庭都是群体，只是各种群体的层次大小各不相同。

1. 个体与群体的利益冲突

人的主体意识因主体的变化而变化，城镇化进程中个体与群体的利益冲突主要表现为如下几个方面。

个体与地方政府的利益冲突。如前文所描述的那样，传统城镇化进程中地方政府承担着区域城镇化的重任，并且城镇化率是其政绩的考量。地方政府作为群体，用最快的途径和方法吸引投资，实现土地扩张的城镇化，为地方政府带来了政绩及财力，将乡村发展为城镇或实现城市的扩张，快速地完成财富的积聚。当地的老百姓作为个体的利益被忽视、蒙蔽，环境污染、就业困难、城市风格千篇一律；而地方官员作为个体的利益更多地表现为受益，政绩带来的升迁，充分的地方财政带来的灰色收入甚至是违法收入；而从长远及发展的观点来看，无论是老百姓还是政府官员作为个体的利益都在这种冲突中被不同程度地牺牲了。而地方政府必将承受个体利益损失带来的群体利益的损失，因为群体是由个体组成的，城镇化资源、能源的浪费，环境的污染，给这些城镇带来的发展硬伤是群体利益的极大障碍。

个体与企业的利益冲突。企业的非规范发展及短视行为的存在是造成个体与企业利益冲突的主要原因。企业的发展确实推动了经济的发展，为城镇化带来发展的动力。但企业存在的最大目的是利益最大化，在中国改革开放的发展过程中，制度的不完善、法律的不健全、发展理念的不科学及企业内部或主导部门个别领导的短视行为都极大地促进了企业及老百姓的利益冲突。例如，环境污染的治理及根除往往伴随着企业利益的损失，停产、环保设备上马都需要付出经济代价，这时老百姓个体的利益就被企业远远抛在后面。

个体与社会的利益冲突。社会是由个体组成的最高层次的形式，相对于整个社会这个群体而言，个体是城镇化中的农村人、城市人、当代人、后代人。中国传统城镇化的快速发展，依靠的是大量投资与土地扩张，半城镇化、土地城镇化的说法被人们所接受。在这样的一个过程中，城镇化率成为整个社会要实现的最高目标，农村人可能在这个过程中失业、失地，城市人可能在这个过程中失去原有的生活，当代人被环境污染困扰，后代人面临资源、能源的严重匮乏。个体的利益在与社会利益发生冲突时会被人的社会属性迅速消弭，但社会是由个体构成的社会，个体利益的缺失必将反作用于社会。

2. 实现个体与群体利益统一

新型城镇化实现"化人"的目标，本书认为化的不仅是个体的人，同时要实现各种群体的城镇化、家庭的城镇化、社会的城镇化。群体是由个体组成的，企业与各种群体在城镇化的发展中也要实现与个体利益的统一，这些都与中国新型城镇化的总体目标不谋而合。需要重点强调的是，虽然按照哲学的观点个体与群体是相互依赖、相互依存的两部分人，但因个体与群体力量对比的悬殊差异，每当两者之间的利益发生冲突时，利己主义就会起到极大作用，首先被牺牲掉的往往是个体的利益，而个体利益的损失再反作用于群体利益。实现个体与群体利益的统一，需要个体与主体同时作用。

个体与群体利益需要理性地协同在一起。将个体与群体利益放在同样重要的层面，理解个体与群体利益的相互作用与相互依赖的关系，将此作为判断利益得失的理性前提。比如，让个体的居民和其他利益相关的群体尽早参与到新型城镇化的规划中去，并根据他们的参与结果调整规划。规模较大的城市与较小的城市及城镇在增长和融资需求上有不同的利益关切，不应以牺牲一部分城市的利益为基础而满足另一部分城市的需求。

同时要规范群体，保证个体与群体利益的统一。对群体进行规范，实质上规范的是群体中的个体，确立一定的思想、行为准则，每个成员必须遵守已经确立的共同观念、价值标准与行为准则，建立统一的标准，群体的成员就会产生标准化的判断。群体规范确立的理念与制度形成个体行为标准，在城镇化进程中，群体与个体利益发生冲突时，应该做什么，不应该做什么就有了一定的价值标准。

第二节　新型城镇化的客体价值目标

实践主体不断变化，需要客体的发展能够满足主体需要，满足主体需要的程度越高，价值就越大，主客体之间又是相互作用的。主体与客体之间需要从关系思维的高度来把握。新型城镇化这一实践活动中，对于诸多类型主体来说，客体需要满足其各种需求，实现城镇的可持续发展。本书将中国新型城镇化这一实践活动的客体限定为主体进行城镇化实践时被纳入主体实践活动的所有客观事物。对一个城镇的质量进行评价，可以有很多的视角。本书从新型城镇化的客体对于满足主体不同层次需求的角度，来设定客体的价值目标。如图 3-1 三要素构成的新型城镇化价值客体目标所示，新型城镇的居民的社会生活应该是和谐的，他们的生活空间必须适宜人的居住，而在这样的新型城镇中经济的发展是适度的，既能满足人民美好生活的需要，又能实现经济与环境发展的协调。这三要素的一些要求是相互影响和制约的，并存在着一些矛盾，因此实现三者间的平衡，解决矛盾，是实现价值客体建构的关键。

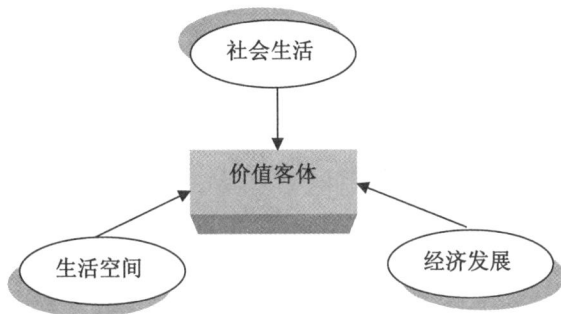

图 3-1　三要素构成的新型城镇化价值客体目标

一、　新型城镇化是社会生活美好

城市是各种文化和社会背景的人共同生活、体验、享受民主的直接场所，并构成这个城市的社会生活。客体不一定是非人，新型城镇化进程中实践活动的很多对象是人。在社会内部，人和人互为主客体，并且每一个人也都有"自我主客"关系。生活质量是社会追求的人本最高目标，在新型城镇化进程中，人类的社会生活里出现的一切与社会有价值关系的现象，对于城镇化的社会生活要加以界定，并确立社会生活质量的目标，对生活质量的关注是现代社会的基本特征。

1. 新型城镇化社会生活的界定

社会生活是满足主体存在的各种客体状态，新型城镇居民的社会生活是在新型城镇化"新"特征背景下的客体系统。因此，本书界定的社会生活应该属于狭义的社会生活，根据满足主体的不同层次，我们把主体在城镇化过程中进行实践活动的社会生活划分成三大类。

第一大类是满足人社会生活基本需求的要素。包括自然条件、城市用水、人均收入、人均消费、通货膨胀率、每平方米住宅房价、工作机会、医疗保障、教育体系、便利的交通体系等。这一大类要素存在的目的是满足居民生存的基本需求，也是人的社会生活的基本需求。这一大类的要素不是新型城镇居民社会生活的独有要求，它们适用于各种环境及背景下人生存所需求的条件。

第二大类是尊重人的精神幸福并产生归属感的要素。这一类的需求比第一大类要高一个层次，但是又必须以第一大类要素为基础才能存在。在这一类中，要为居民提供良好的社会基础设施，促进对人的多样性的融合，提高人的满足感及城镇的舒适度。包括土壤和土地消耗，城市废弃物，城市毗邻区情况，城市绿化，花园城市建设，城市内野生动物保护，废物处理，适合老年人居住的社区，满足购物、运动、休闲等活动需求的活动场所，宽带覆盖率，体育活动指数，百万居民拥有餐厅和酒吧数量等。

第三大类是实现人的可持续发展，追求更加美好的生活的要素。这一社会生活目标与前两者比起来是人类追求的更高的一个目标，虽然与共产主义还有一定的差距，但却是古今中外追求的"和谐"目标的有力表述。包括环境保护指数、气候指数、生态网络、电磁污染、噪声污染、室内污染、对当地文化的保护、绿色城市或生态城市的建设目标、生态规划、可持续发展的社会管理等。

这三大类人们社会生活的要素是人类生活追求的三个层次，特别是第三大类各大要素是中国未来新型城镇化追求的人类社会生活的高级目标。

2. 确立社会生活美好的质量目标

人类社会生活必然产生对社会的需求，对于城镇人、城市人的社会生活，城镇、城市的发展最大限度地满足人的生活质量需求，是每个城镇、城市发展的总体目标之一。社会生活的基本形式总是包括衣食住行、休闲娱乐、生老病死等，随着科技的发展和生活的多元化，也在不断地丰富和发展，领域在不断扩大，但都是围绕着基本形式进行的。这些社会生活的基本形式反映着人类社会的基本问题，为了满足人的社会生活质量需求，新型城镇化的进程中，前文所述的三大类要素最终要有一定的目标作为解决这些问题的方向，并且作为评价美好社会生活是否实现的评定标准。

这些要素的统一标准应该是能够最大限度地减少对人类健康的损害、最大限度地增加精神健康和社区归属感、最大限度地尊重人文背景、创建一个良好管理体系、最大限度地增加可持续发展意识，保证居民轻松、健康和可持续的生活方式。社会环境、经济环境与自然环境共同作用影响着社会生活的质量。交通网络的重新设置遵循减少私家车依赖、减少污染排放，同时配备合理的公共交通原则。这样不仅能为老人、儿童、残障人士提供更安全、便捷的出行环境，还能为保障城镇居民的身体健康、减少患病概率做贡献；甚至可以因步行或公共交通增加与人偶遇的概率，提高居民的区域认同感。能源、自然资源的管理是满足和谐社会生活的基础条件。可靠的、可再生的、对环境安全的获取能源的方向，是城镇商用和民用都存在的需求。获取太阳能、利用自然风发电，实现城镇的自给自足；利用可利用的技术，制定一系列的措施，对城镇的暴雨进行管理，采用节水设备，控制资源的使用。

二、　新型城镇化是生活空间宜居

对于"生活空间"这一概念，有学者就研究的方向将其分为两大类：一类是将生活空间理解为静态的居住空间，为人类提供居住环境；另一类是将生活空间理解为生活活动空间，是动态的日常活动空间[133]。

笔者认为在新型城镇化这一大背景下，研究和要实现的关于生活空间的目标，既包括居住空间又包括活动空间，并且新型城镇化要实现的是城市生活空间与乡村生活空间"质"上的统一，具体的形式可以各不相同，但要满足农村人与城市人利益的统一。

1. 新型城镇化生活空间的结构

如果说生活空间中居住空间有固定的表现形式，那么生活空间

67

中的活动空间就需要以各种场所和设施为依托，在空间中流动存在。2012 年经济学人智库"最佳城市排名及报告"竞赛的优胜者建立了一个评估城市空间指数的系统——"空间调节的宜居指数"，强调将绿地空间、城市扩张、自然资源、文化资源、对内联系性、对外联系性、城市污染七个指标加入评价系统。这一生活空间指标的构成，充分考虑了可持续城镇发展的总体要求，但同样需要注意的是对生活空间判定的标准并不是唯一的。

就生活空间中的活动空间进行研究要从建筑规划及设计层面进行，活动空间是居民工作、生活、消费、休闲与社交的空间。前文所描述的新型城镇化需要打造和谐的社会生活的各项标准，新型城镇化的生活空间可以按照城镇内部和城镇外部来进行划分，城镇内部包括土地、住房、基础设施、内部交通和公共空间，城镇外部涉及与外部其他城镇的相对位置及自然资源的分布。生活空间需要在城镇建成之后体现，建设生态城市是中国新型城镇化的发展趋势。在活动空间内减少空气和噪声污染，降低交通意外伤害风险；紧凑分布的住宅及绿地有良好的可达性；为居民提供更多休闲娱乐公共空间，不失为提升活动空间的有效办法。

而就生活空间中的居住空间而言，居家的内部环境、周边服务设施及与周边居住单元的分离情况，都是影响居住空间的因素，与住宅的建造、建筑物内部与周边的设计都密切相关。如果再细划分的话，居住空间内的社会群体、不同社区居民的生活空间差异性特征、社区归属感、居住空间满意度与居住偏好等都包括在居住空间的范围内。节能、节水、节地，又满足居民对充足阳光和日照的需求的建筑物，朝南建筑主动利用太阳能，这些要素对居民的居住空间需求的满足至关重要。

2. 塑造宜居的生活空间

本书提出的新型城镇化的目标是消除城乡二元化，终极目标是没有城市与乡村的区别，新型城镇化的新城镇的空间建设与老城镇的空间改造应该同时进行以达到目标。新型城镇化最终是要建设可持续发展的城镇，打造居民有质量的美好生活。每一个城镇的独特的形象和传统的特色，都可以通过生活空间展现出来。如同城市、城镇都要有标志性的地方建筑，城镇的生活空间的塑造既要回应当地的环境，又要运用可持续的设计思想和策略，最终相对于居民这个价值主体要落到"宜居"上来。

首先，土地管理要遵循可持续发展理念。开放绿地对环境和居民的幸福感至关重要，因此新土地规划及开放绿地的管理显得尤为重要。城镇要有开放空间，即完善的绿地系统，能将自然元素和循环过程纳入城市肌理，创造良好的景观格局。同时，废物管理及处理工作也是非常重要的。废物需要有效管理和合理处置，无效的管理会引发严重的公共健康问题甚至污染问题。

其次，生活空间的实现对公共空间有极大的需求。为日常生活提供有吸引力的生活空间和宜居环境是前提条件，公共空间的格局还要满足认知度、连通性，最大限度地减少土地需求（特别是绿地），最大限度地减少初级材料和初级能源的消耗量，优化城市和区域的物流联系，最大限度地减少对自然环境的损害，最大限度地尊重自然环境，最大限度地减少交通需求。

最后，采用生态规划理念，利用新的技术体系来建设未来的城镇。坚持可持续发展的原则，对城镇进行规划，与新型城镇化技术体系里面的其他技术综合使用，实现居住空间与活动空间同时发展的生活空间。而城镇发展的模式往往与自身规模密切相关，我们把提高城镇的经济表现、改善城镇的环境、树立城镇的独特形象、突出城镇的文化特点作为城镇可持续规划的原则。

三、　新型城镇化是经济发展适度

在十三届全国人大一次会议记者会上，李克强总理强调了中国经济运行保持在合理区间的重要性，并且特别指出民营企业的税收占半壁江山，对城镇新增就业的贡献率也达到了90%；而新型城镇化中农民工就业是实现"化人"的重要内容。稳定的社会经济是城市居民和管理机构以积极方式获得自信的源泉，它不仅可以改善居民的生活质量，更会提升城镇的竞争力和创新发展能力。经济发展应能够满足新型城镇化的需求，经济结构、类型应该做调整和规划。

1. 新型城镇化与经济发展相互作用

在中国当前这样一个处于经济新常态，经济发展放缓，改革又到了深水区的特殊发展阶段，新型城镇化与经济发展两者之间是谁也离不开谁的关系，即相互依赖，但在一定条件下又相互制约。只有明晰两者之间的特殊关系，才能对新型城镇化进程中如何发展经济做出正确的判断及选择，才能实现经济发展与新型城镇化共赢的目标。

早在党的十八大召开后，新一届政府就将新型城镇化作为中国经济发展新常态下推动中国经济发展的主要动力，拉大内需、扩大就业成了主要目标。对于新型城镇化对经济发展产生的促进作用，有很多学者也加以论证。新型城镇化水平的提高能够促进经济发展，但是中国目前各地区的新型城镇化与经济发展的耦合协调度并不一致。有研究表明，2012年广东省在全国各省市中新型城镇化与发展的耦合协调度最高，甘肃省最低；北京、天津、上海三市属于新型城镇化发展相对于经济发展滞后型，其他28省市（不包括港澳台）属于经济发展相对滞后型[134]。各地区发展不平衡的外在表现，内在隐含着新型城镇化与经济发展协调水平的差距问题。有学者将定性分析与关系图描述相结合分析得出结论。新型城镇化对于经济发展来说起到正向促进作用，并从消费渠道、投资渠道、出口渠道影响着经济的发展[135]。同时，经济发展又可以为新型城镇化提供经济基础。新型城镇化目标提出了对新型城镇化发展内在质量的要求，单一的产业结构，粗放式的经济增长方式只能像传统城镇化一样给城镇化遗留下必须解决的矛盾和问题；新型城镇化需要以经济发展为基础带来大量就业、生活空间的改善、生态的绿色化等目标的实现。可以说中国粗放式传统城镇化留下的问题有很多是中国粗放式的经济增长方式造成的。只有转变经济发展理念，为中国经济发展重新进行合理规划，才能与城镇化形成互补的正向促进作用。

2. 经济发展需要规划达到"适度"的目标

在前文中将中国传统城镇化发展的特征进行了归纳。在中国快速的城镇化进程中，以土地扩张、大量投资作为主要手段，房地产行业和制造业得到了极大的发展，民生、服务行业远远落后。造成了中国城镇化经济发展的一系列问题，农业发展薄弱，工业化进程缓慢且代价昂贵，造成严重的环境污染、经济秩序失衡。经济如何运行、三个产业部门在经济发展中的关系如何、信息化如何应用、企业的生产如何组织、经济发展与环境保护如何兼顾等，这些也如同城镇的发展一样需要进行合理的规划。

过去中国经济发展的"高速"模式，已经在改革开放四十多年的实践中利弊皆现，对经济发展的"适度"要求成为必然。所谓"适度"是指事物发展的程度适合，马克思主义哲学认为事物由量变到质变是突破了"度"。根据马克思主义哲学中对度的阐述，经济发展需要在一定的范围内进行，超出这个范围就发生了质变。笔者认为，所谓"适度"指的是经济的发展目标是提高城镇活力，创造更多的服务业和制造业就业机会；并且应该限定在一个范围内发展，既要体现每个城镇的生活的传统，也要培养居民符合可持续发展要求的生活方式和意识，避免因当前不合理的规划而给子孙后代造成的转移成本。

实现"适度"，不超出度的范围，需要对经济发展进行规划。首先就要改变经济发展方式，由原来的以工业经济为主，转变为以围绕着新型城镇化各项目标的城镇经济为主，以改善民生和调整结构为目标，以技术创新为动力，辅以相关的配套措施，才能推动经济发展，使得经济发展方式向优质、高效转变。其次，需要考虑产业结构的调整，为经济增长带来新的动力。在互联网大背景之下，很多新技术的出现带来一些新的行业的兴起，同时也伴随着一部分行业的没落。人工智能促进了中国信息化产业的发展，各种新材料、新的农业技术的出现带动了中国农业特色化的发展，传统工业也在各项新兴技术的夹击下选择了新型工业化道路。中国的第一、二、三产业的结构调整，为新型城镇化、新型工业化、农业特色化、信息化的统筹发展带来了新动力和可能。最后，注重不同地域的经济增长特征，实现多元化、抗风险的区域经济发展。区域经济质量的改善和提高的必然结果是经济的发展。不同地区的城镇化进程不同，经济基础不相同，原有产业结构也不相同。在新型城镇化进程中，不同地区的经济模式也不必相同，多元化是各地区经济发展的路径；充满本地区特色能够抗风险的经济发展模式是区域经济的更高级模式。

第三节 基于实现新型城镇化目标的价值评价标准

价值评价是人们对价值客体表现出来的一种态度。人们对新型城镇化的评价会通过观念、情感、意志、语言、数据、指标等各种形式表现出来。对于新型城镇化自身及发展过程中的事实及影响，我们应该依据怎样的价值尺度进行评价呢？

本书已经明确了在新型城镇化的建设中，价值主体是农村人与城市人、当代人与后代人、个体与群体，评价的主体以新型城镇化的实践为基础考察这种实践活动中自我与之形成的价值关系，来对新型城镇化的价值进行评价。客体主要分为社会生活、生活空间、经济发展三大方面。

依据新型城镇化发展过程中客观存在的、不依赖于价值评价者主观意识的价值事实，尝试建立相对客观的评价标准，符合主体的本质、存在和内在规定性尺度，并以此评价标准为基础进行新型城镇化的技术选择，使得新型城镇化能够实现最终的目标。但此价值评价标准是否能够客观、公正地实现技术体系的建构，还需要实践的检验。

一、 社会价值评价标准——和谐

本书对社会价值评价标准的建构是基于新型城镇化过程中人们的社会生活状况，把评定范围限定在城镇化后不同主体的社会生活。在不同的社会形态下，不同的国家、民族，由于政治、经济、文化、历史背景不同，人们追求的目标不尽相同，同样的目标所起的作用也不相同。居民对社会生活的满意度是关乎社会价值建构的关键因素。将和谐作为新型城镇化社会价值评价的标准，那么此标准的内在规定即具体内容是什么呢？

1. 和谐满足价值主体的需求

和谐自古以来就是人们对社会发展的一种美好追求，按照马克思主义理论，和谐是各种矛盾达到统一、平衡的一种状态，而不是没有矛盾。社会价值评价标准的建构，是同整个世界相联系的。

价值和价值观念都具有主体性的特点，事物有没有价值，有多大价值，要根据主体的具体情况来做分析。国际上对城镇质量的相关评价体系有很多，但多数都是以某一个特定的方面的质量为视角对世界各国城市进行评估和排名的。例如，联合国人居中心（UN-HABITAT）编制的城镇发展指数（CDI）由生产能力（城市生产能力）、基础设施（供水系统、排水系统、供电系统、电话系统）、废物处理（污水处理、废渣处理）、健康（预期寿命、儿童死亡率）与教育（识字率、联合招生率）5 个部分组成，共涉及 11 个指标[136]。和谐的内在尺度应该是由价值观、世界观和方法论构成的，是社会主体的存在方式及其条件的自觉反映；这些既能够最深刻最全面地反映社会主体的根本利益和需要，也是同主体的客观价值标准最接近的意识形式[125]。

人的需求是多层次的，其中包括价值主体的欲望、动机、需要、兴趣、信念等多个方面，最核心的是主体的目的、利益和需要。不同主体的目的、利益和需要在不同时期是有差异性的，但在新型城镇化实现的过程中，对于新型城镇化的社会价值的评价，从主体的角度出发，需要满足前文所描述的三大类别需求的表现形式。追求的是农村人与城市人、当代人与后代人、个体与群体的利益与需求的统一即最终达到和谐的目标，不同的主体对生活质量、经济发展、个体权利的追求，在尊重彼此的基础上达成价值共识。同时需要强调的是，新型城镇化社会生活和谐，允许不同主体生活存在差异性、多样性，并在相互尊重的基础上实现共同的目标，展现有特色的和谐社会，这也是新型城镇化"化人"的内涵所在。虽然这一目标的实现需要一个过程，但基于时代的新特征，兼顾价值主体利益与文化传统，辅以社会制度规范，是实现和谐的必要保证。

2. 新型城镇化是社会和谐价值的体现

新型城镇化社会和谐是一种理想状态和追求的目标，也是社会主义优越性的一种体现。但和谐是需要不断协调才能达成一致的，社会的资源与资本充分调节，在城镇化过程中参与建设，实现人们有尊严地生活和发展。社会和谐作为一种价值观，应该起到引领新型城镇化道路的作用，并且成为技术体系建构的基础及评价的标准，以期实现价值理性对技术理性的超越，这才是人类对技术使用的正确打开方式。和谐应该表现为满足三个方面的需求。

第一，和谐是满足所有人的物质生活需求。和谐是城市与乡村资源合理分配的前提下，所有人都同样享有便捷高效的生活。适度的经济发展、广泛的就业机会、优质的教育资源、城市基础设施与乡村基础设施的一致、合理的住宅设计、便利的交通、充分的健康医疗配套等都能得到保证。

第二，和谐是实现所有人的精神幸福并使其产生归属感。这一类的需求比第一大类要高一个层次，又似乎没有第一类那么具象，却是人类生活幸福的更高层次的需求，没有这一方面的和谐就不是真正的和谐。要从满足生活舒适度、居民满意度、美学质量、休闲、运动、娱乐等方面的需求角度入手，百万居民拥有博物馆、科技馆、大剧院、广场、公园、餐厅和酒吧的数量，宽带覆盖率，体育活动指数，等等，都是实现这一方面和谐的重要指标。

第三，和谐是实现人与世界的可持续发展。既包括个体人，也包括自然界和人类社会，可持续性是保证和谐的前提，是追求更美好生活的基本要素。从这一角度我们要考虑的问题应该具有系统性和全局性，城镇化不应该仅指城市人口的增加，过多的城市人口最终只会对城市的发展带来交通、环境等各方面的问题，利益直接受到损害的还是城市人。因此，政府、社会、经济应当形成一个保证城市可持续发展的系统，治理体系完善、法律法规充分、经济发展适度，才能实现社会生活长久的和谐，否则必将导致各种矛盾的对抗性暴发。

二、 生态价值评价标准——绿色

人类研究生态价值，是基于生态系统的服务功能，有学者认为从自然范畴来看，自然生态系统不反映任何主客观关系，根本不属于价值概念的范畴，因此研究生态价值不可能在自然范畴内，只能放在人类社会系统和自然生态系统的整体关系中进行研究[137]。

基于此，本书研究生态系统的服务功能产生的生态价值，不是指自然界生态系统，而是把生态系统置于人类社会及与其相互作用的人工自然与天然自然之间；生态价值的客体承担者是环境，是城市，是生活空间。

1. 生态价值评价标准的建构

在人类历史上，人与自然的关系不断发生变化，从畏惧到征服，再从受到惩罚到和谐相处，人类作为主体在自然的力量面前终于实现了客观地认知和判断。因此人类开始思考生态系统以及生态价值的相关问题，有学者把生态价值界定为一个历史范畴的概念，认为其会随着社会发展发生变化，但主要是资源的价值问题，它的存在也可能是间接表现出来的[138]。也有学者从价值论的学术框架来研究，认为生态价值是以自然环境为核心的价值关系，生态价值既可以指生态系统及其要素的价值，也可以是与生态环境有关的价值[139]。研究生态价值，客体需要对主体具有价值意义，才能够建立评价标准，但人类追求的与客体生态系统之间的终极意义应该是建立在和谐基础上的绿色标准。

生态价值是由生态系统内在性质决定的，系统内各要素之间的相互作用形成的规律决定了生态价值的基本属性和尺度。生态价值研究的对象是广泛的资源，但本书以新型城镇化这项人类实践活动为背景，生态价值的表现可能是直接的，也可能是间接的，因此将生态价值研究的对象限定为人与自然环境、人与城市、人与生活空间之间的相互作用和依赖。人与自然环境的平衡，是确定生态价值的主要因素之一，需要建立在可持续发展理念的基础之上；是人类对自然资源的合理开采和利用、顾及代际公平，保护一切自然资源与能源的再生和合理利用，城乡资源的分配公平，人与自然协调发展。人与城市的平衡，需要通过建设节地、节能的城市格局，利用现代科学与技术协调城市系统与自然的关系，最大限度地减轻城市的生态负担，实现人、自然、环境融为一体的城市生态系统。人与生活空间之间的平衡，包括人与活动空间的平衡和人与居住空间的平衡。对于生活空间中的活动空间来说，应拥有日常生活休闲娱乐的公共空间，拥有系统化绿地空间，满足可持续发展的交通、社区网络，并可以与周边的地区实现融合；对于生活空间中居住空间而言，绿色建筑是有助于环境保护、人类健康和长期的经济效益共同实现的一个必然方向，利用可再生资源，促进环境的修复和可持续性的资源管理，营造舒适健康的绿色住宅都是绿色建筑的目标。

2. 绿色是新型城镇化生态价值的体现

绿色是党的十八届五中全会提出的五大发展理念之一，有学者认为从价值取向上看，习近平总书记提出的绿色发展增加民生福祉的新举措，是将马克思没有明确的生态文明之路明确提了出来，是对马克思主义理论的丰富和发展[140]。绿色发展理念的内在要求，新型城镇化的发展应该以人类对自然的尊重为前提，实现人与自然环境、城市、生活空间的绿色发展，而城市、生活空间的绿色发展的目的都是实现人与自然的平衡。

自然环境的绿色发展。评价绿化覆盖面积、乡土树种所占比例、景观可达性等具体指标的实现情况，保护景观并可持续地利用周边景观，将其作为社会和经济的基础；保护自然系统、栖息地、物种多样性，使空气交换系统达到最佳生物气候条件，科学管理土壤和地下水系统，等等。

城市的绿色发展，是以绿色交通体系、完善的绿地系统、实现废弃物减量、回收和循环利用系统、绿色的基础设施、绿色节能建筑等为手段，实现有可持续生活方式、城市形态紧凑、生物气候舒适、具有文化特质及社会多样性的城市。

生活空间的绿色发展是以绿色建筑为手段，采用如下的原则作为绿色建筑的指导原则：重视资源保护，既节约又高效地利用资源，采用节能、节水技术，使用低能耗材料进行紧凑型建设；重视回收利用，回收废物制造商品，用废料建造房屋，利用天然材料发明可循环材料；善于利用可再生资源，如风能、太阳能等，通过所采用的技术建造绿色建筑；在建造绿色建筑的过程中，促进环境的修复和可持续性的资源管理。

综上可见，与自然环境、城市、生活空间的绿色发展密切相关的是相应技术的存在和发展，科学技术在实现生态价值绿色发展层面起到不可替代的作用。

三、 功效价值评价标准——智能

社会价值、生态价值的建构都离不开经济的发展，怎样评价经济发展的状态、过程、成果呢？经济价值的评价与社会价值、生态价值的评价标准密切相关，经济价值的评价应以社会价值、生态价值的标准为基础。但因经济价值评价标准的复杂性，实现生产资源的最优配置是解决新型城镇化的现实矛盾，并且实现最佳的经济效益的必要途径。

1. 经济发展适度需要资源配置的优化

在新型城镇化的进程中，资源不仅在发展中国家，在发达国家也一样存在着稀缺性。怎样在稀缺的状态下，实现新型城镇化的经济适度发展，实现资源利用的利益最大化，实际上就是要解决资源配置的优化问题，即用最少的资源消耗，达到最佳的经济效益，促进经济的发展。

中国城镇化进程中经济发展主要遗留了三个方面的问题：粗放式经济增长以高投入、高消耗为主要特征；产业结构不合理，重二产，轻一产、三产；不同地区城镇化水平存在差异，经济基础各不相同。这些现实矛盾决定了新型城镇化需要"适度"的经济发展目标，需要改变经济发展方式，以技术创新为动力；调整产业结构，为经济增长带来新动力；关注不同区域的经济增长特征，缩小差距。以上三个方面的经济发展需求的实现都对技术创新提出了新要求，新技术、新材料的出现和应用将为经济发展带来巨大的推动力，但离不开生产资源的配置优化。

转变经济发展方式，需要用创新实现资源的最佳配置。创新产生经济效益的秘密在于经过生产资料和人力资源的最佳配置、生产过程的重新设计和组织，打开市场渠道形成生产能力，从而创造经济价值。这也是一个技术产业化的过程。技术的产业化通过技术之间的整合，最终形成完备的产业技术系统。产业技术系统各单元间紧密联系，从而形成整体技术优势，促进技术的扩散，产生更大的经济效益。

调整产业结构，需要不断优化资源配置。过度依赖要素驱动和投资驱动的传统发展模式抑制了产业转型升级，产业升级的目的是使有限的资源能够从低效率产业部门转移到高效率产业部门，新型城镇化要改变对传统增长动力的过度依赖。包括过度依赖廉价劳动力的要素驱动，过度依赖房地产的支撑，资源与环境的过度消耗，以及财富的非均衡增长等。重二产，轻一、三产的产业结构有待调整，城乡一、二、三产业融合发展水平有待进一步提升。产业结构调整升级表面上看是不同产业所占比重的变化，实质上是有限资源不断优化配置的过程。

缩小不同地区的经济发展差距，需要政府选择适宜的资源政策。中国传统城镇化不同地区城镇化水平各不相同，不同地区的经济发展也存在着差距，甚至存在着区域间的冲突。经济学中的"梯度理论"告诉我们，优先发展区域发展到较高的经济水平时，会产生扩散效应，将一部分人力、财力和物力扩散到一些后发展的地区，缩小区域间的经济差距，从总体上达到平衡发展[141]。但是需要注意的是政府在做出资源选择政策时，需具有全局观，也就是说对优先发展区域进行重点投资的出发点不是这些区域的地方利益，而是通过这种资源政策实现扩散效应，以实现所有区域经济的均衡发展。

2. 智能是新型城镇化功效价值的体现

新型城镇化的经济发展需要以资源配置的优化为基础，进而实现用最少的资源消耗，达到最佳的经济效益。为了实现经济发展的这一功效价值，需要以最少的资源消耗，高效地完成新型城镇化的经济发展目标，解决传统城镇化经济发展遗留的问题。本书认为新型城镇化功效价值的实现，应以人的生产智能、规划智能、建设智能、管理智能、城镇智能等多角度、多层次的智能来界定。

智能本是智力和能力的总称，将其限定在人的身上。但是随着科学技术的发展，尤其是人工智能技术的产生，人类尝试通过由人类专家和智能机器组成的智能系统进行智能的制造，将原来人类自身进行了扩展和延伸，使其成为人改造世界的有力工具。智能制造的实现使得人类生活更便利、工作效率更突出，在提高工作质量的同时也减少了成本，并大大促进了环保和节能。

智能在新型城镇化中的表现，主要归纳为如下几个方面：新型城镇化产业技术的发展；城镇基础设施智能化，包括水、交通、气等；城市规划和管理智能化，包括对城镇空间进行管理的城镇规划管理信息化、社会治理精细化等技术；城镇建筑智能化，如专家系统、人工神经网络、决策支持系统和多元化技术；城镇服务智能化，如智能医疗系统、无人驾驶技术等。

　　智能化技术是服务性技术，可以运用于所有的生产过程中，提高生产的智能化水平，智能化和工业化融合是人类社会两个重要发展历史进程的交汇。从社会形态演进角度看，其所引发的生产方式变革与生活方式调整正在构建智能社会发展新蓝图；从经济发展角度看，其所推动的资源配置方式优化与发展方式转变正在构建现代产业体系新格局；从工业发展角度看，其所催生的智能化技术装备、协同化创新体系、柔性化生产方式、集约化资源利用、精准化管理模式正在重塑新时期国家竞争新优势，也直接促使新型城镇化产业技术的升级。

　　实现智能为目的的智能化技术应用在城市规划、建筑设计、城市管理、服务、交通、医疗等领域，可以说是覆盖城镇发展的各个方面，只要是智能技术能够涉及的。智能化技术发展的目的就是实现未来新型城镇化的终极发展目标，它贯穿于城镇化的过程中，无处不在，前面提到的城镇综合规划技术、绿色环境技术中都有它的影子。智能化技术的运用将有效地提高新型城镇化的智能规划、智能建设、智能管理、智能生活水平，达到资源的最佳配置，实现功效价值赋予。

第四章

实现新型城镇化价值赋予的重点技术领域

新型城镇化应该实现的是基于社会建构的技术建构，对于技术和城市、人的关系的认知直接决定着对新型城镇化技术要素的理解。面对传统城镇化中出现的问题和矛盾，新型城镇化坚持的绿色发展观念与西方城市目前的可持续性发展目标不谋而合。实现新型城镇化，要满足的是农村人与城市人、当代人与后代人、个体与群体利益的统一，要建立的是社会生活和谐的城镇、生活空间宜居的城镇、经济发展适度的城镇。

以实现新型城镇化为主要目标，以解决城镇化现实矛盾为原则，基于价值论建立的评价标准，对新型城镇化的技术进行社会选择。本书研究选择城镇综合规划技术、绿色技术和智能化技术为重点技术领域，其中城镇综合规划技术为纲，绿色技术为本，智能化技术为魂。

第一节　城镇综合规划技术是实现新型城镇化和谐价值的保证

实现城镇人民生活的和谐，需要建构可持续发展的城镇。大到国家，小到一个城镇，各个层面的规划都可以单独进行，但从可持续发展的角度来讲，各个层面的规划必须与上下位规划相衔接，使整个国家能够在各个层面协同运作的前提下实现新型城镇化的可持续发展目标。同样，在一个城镇内部进行规划，以期实现城镇的可持续发展及人民的和谐生活，也必须摸清建筑物、街区、城镇之间的边界，进行综合规划。

新型城镇化社会生活的和谐需要满足人的物质生活、精神生活及可持续发展的需求，这三个层次的需求的实现都需要以一定的技术为支撑，以期实现基于价值理性的技术理性。为了满足社会资源与资本的充分调节，实现人们有尊严地生活和发展，需要对新型城镇化进行科学规划与设计的综合规划技术发挥作用，保证其实现。

一、城镇综合规划技术的和谐价值赋予

学术界本没有"城镇综合规划技术"这一名词，本书基于新型城镇化的价值体系的需求及新型城镇化"化人"的目标，以技术系统中的硬技术与软技术的综合与抽象共同构建了"城镇综合规划技术"这一技术体系。城镇综合规划技术不是单纯的各项具体技术的综合，构成这一体系的技术既有硬技术又有软技术，但又不是它们单纯地相加，虽以规划技术为主，但这些技术需要在实现城镇化居民的社会生活和谐的价值目标前提下，进行抽象进而达到具体。

1. 基于和谐的城镇综合规划技术

社会生活的和谐需要满足人们物质生活、精神生活、可持续发展的需求，在此基础上构建的新型城镇，需要保持整体空间设计和建筑设计的协调一致，对城镇的总体格局、绿地系统、交通组织都需要进行系统的规划和设计，同时也需要新的理念作为规划的支撑。

首先，以综合规划技术为纲，生态环境、交通组织以及功能布局都是规划技术所指的方向。新型城镇需要满足住宅设计合理、便利的交通组织、充分的健康医疗配套、合理的空间布局等，这些需要住房规划技术、基础设施规划技术、交通规划技术、环境规划技术、建筑设计技术、景观规划技术等与之对应的技术保证其实现。

其次，满足居民精神幸福并使其产生归属感的技术。在这一类别中，居民的满意度、生活舒适度、美学质量标准成为衡量人的社会生活和谐的更高一个层次的准则，相应地也不局限于自然科学转化的技术或工程技术。文学、哲学、经济学、法学、历史、管理学、教育学这些社会科学，只要与人类社会发展发生了相互作用就会形成改造世界的相关技术，在发展的过程中形成的技术也会与自然科学转化的技术或工程技术相结合，在人类城镇化的过程中共同发生作用。

最后，促进社会多样性与社会融合，实现人类的可持续发展。

在这一类别中对于新型城镇化的发展提出了更高层次的要求，"化人"不是终极目标，终极目标是所有人平等、友好、共享美好生活，并且兼顾后代的权利实现代际公平，实现整个社会的可持续发展。城市规划、具体建设项目、投资方向还有政府的政策指令，都直接作用于城市空间的深化。需要不断有新的法律法规加以保证，治理体系不断完善，国家政策持续落地，相应的新的技术不断产生和发展，并且形成更新的、动态的技术体系加以保证。

2. 城镇综合规划的生态规划理念

新型城镇化进程中城镇的总体规划总是围绕着两个问题：一个是每个新的城镇的形态、交通，甚至住宅都要与可持续性发展相关；另一个就是这个城镇此前的自然环境、历史传统、人文氛围也要被加强和保留。前者与后者缺一不可，在这样的城镇中，人们既能享有城市的公共服务和便利，又能享受独属于乡村的宁静与美丽，农村人与城市人的二元化才会真正不复存在，新型城镇化"化人"的目的才能实现。

城市规划的原则以提升竞争力的战略计划和项目为基础，让各利益群体达成共同意愿，相互依赖，而对可持续发展的诉求更加强了这种相互依存的关系。自20世纪70年代"生态城市"的概念被联合国教科文组织提出，人们就开始利用生态学理论来指导城市的规划。生态城市的建设以环境容量或生态承载力为前提，有学者认为，所谓生态规划就是一种可持续规划，依靠生态理论和技术手段，以可持续发展为目标，既要适度地利用资源又要保护生态环境，对整个大环境内生态系统进行梳理[142]。生态规划理念要将建设生态城市作为标志之一，在此理念规划下的城市生态环境是朝着良好的、特定的方向和趋势发展的。采用生态规划理念规划的城镇，要合理划定生态保护红线，为城镇环境设立既定的目标，目的是保护环境，使人与自然和谐发展，形成人-环境-社会-文化的协调发展。有西方学者认为，减少对石油的依赖，培养高效的生活方式，如限制饮用水用量，鼓励水资源的收集和回收，选择无污染的交通工具、可再生资源、可持续利用材料和绿色屋顶等，是实现生态城市的主要措施[143]。城镇综合规划技术的建构，需要科学合理的把握与指导，坚持生态规划理念，扩大城市生态空间，增加森林、湖泊、湿地面积，将农村废弃地、其他污染土地、工矿用地转化为生态用地，在城镇化地区合理建设绿色生态廊道。由过去片面注重追求城市规模扩大、空间扩张，转变为以提升城市的文化、公共服务等内涵为中心的城市发展理念，实现人与自然平衡的可持续发展。

二、 城镇综合规划技术是硬技术与软技术的综合

党的十九大报告指出，在中国未来的城镇化建设中，绿色生产和消费、绿色技术创新、绿色金融将成为关键词；装配式建筑、超低能耗建筑、绿色建材、清洁能源、循环经济将成为绿色生态宜居新型城镇的标配[144]。通过不断科技创新来实现技术进步进而满足城镇化建设中的各项需求，是城镇化的必由之路。城镇化综合规划技术以满足人的和谐的社会生活为标准，既需要通常所指的可操作的硬规划技术，又需要来自社会科学或者表现形式就是知识、权力、话语、真理的软规划技术。

1. 城镇综合规划的技术体系建构需求

城镇综合规划技术应包括如下三个方面的诸多技术，共同构成技术体系，以达到技术目的，实现城镇生态规划的目标，满足城镇化居民的社会生活和谐的价值需求。

首先，城镇规划应坚持空间生态设计与建筑生态设计两者协调一致。空间的设计，包括街道空间还有建筑群空间。也有建筑师主张将两者统一视为公共空间，从系统的、整体的观点来看，把公共空间作为整个城镇的客厅。在考虑公共空间设计的尺度和构成时，光线、风、不同时间段都是至关重要的相关因素。并且空间结构的发展反映的是内部的发展规律，仅注重外部的表象有可能造成后期规划难以实施，因此系统、全面、深刻地认识城镇规划的空间设计问题是必要的。

其次，城镇的总体格局、绿地系统还有交通系统的规划，是城镇规划中的重要组织部分。如果我们把城镇看作一个建筑，前文的公共空间是客厅的话，那么总体格局、绿地系统、交通系统的规划就相当于家具的摆放与设计了。这三个方面的设计最大的原则就是回应当地的环境，尊重当地的传统，满足交通需求的功能布局。整

个城镇、社区、建筑三因素应作为一个整体被考虑进去。当然土地的利用、景观和绿地、城镇的舒适度等要素都应该在将自然要素考虑在内的基础上进行规划。

最后，以生态规划为理念的城镇综合规划技术改变的不仅仅是当地的地域景观，更是整个城市设计的系统。城镇化无疑是对地方政府的财政能力的最大考验，以人与环境的和谐为目标的新型城镇化如何兼顾改变人的生活环境与人的精神状态？也就是说城镇化要顾及环境，不应单纯地以牺牲当地的环境为手段，这不是坚持生态规划理念的城镇规划的目的，也否定了新型城镇化的方向。

2. 城镇综合规划硬技术与软技术

实现城镇人民生活的和谐，满足人民生活不同层次的发展，要以实现绿色的、可持续发展的城镇化为目标。新型城镇化的实现并非仅仅依靠传统的可操作的硬技术和新技术，还要考量很多因素，也需要满足人和社会发展需要的技术体系中的软技术。

前一类技术表现形式可能是方法、设备、流程、装置，也可能是技术行为、技术创造物，它们都是硬技术的代表。首先，城市设计本身就是由不同学科的技术来共同创作而成的，规划技术应以实现生态、可持续的目标为前提，以满足城市空间合理发展为目的。传统的规划技术是城镇综合规划硬技术的主要组成部分。如土地规划技术、住房规划技术、基础设施规划技术、交通规划技术、环境规划技术、建筑设计技术、景观规划技术。其次，还有一系列新的技术是城镇规划硬技术的必要组成部分。如把数字技术与传统画图方法结合起来的数字混合技术，通过数字信息仿真模拟建筑物所具有的真实信息实现建筑工程管理的 BIM 技术，遥感（RS）、地理信息系统（GIS）、全球定位系统（GPS）及其相关技术等。

后一类技术来自社会科学或者表现形式是知识、权力、话语、真理等，称为城镇规划软技术，也用来解决城镇规划中的问题——社会生活不和谐的问题。这一类技术并不被清晰认知和广泛认可，但是却是解决问题的必要手段。如对可持续发展城镇的规划需要公众的参与已形成了共识，那么由谁来参与？怎么参与？每部分参与者决定权的大小是多少？这些都需要形成一系列科学的表述并加以执行。还有城镇综合规划需要这么多类型的技术共同作用，那么各种技术作用的流程、标准是什么？怎样相互作用？这些都需要形成可操作或能指导操作的系统。软技术自身可以作为制度、政策、法规、真理、知识、权力等直接在技术系统中发挥作用，也可以通过硬化，转化为硬技术发挥作用，表现形式可以是直接的政策支持也可能是某方面相关制度的创新。

三、 发展城镇综合规划技术的思考

规划是人类试图塑造未来的一种方法，国外的城市化开始得早，进行得快，城镇化率高，这些都决定了城镇的规划技术在国外的发展远远早于国内。虽然国内外规划技术发展的历史不同，具体地区情况不同，但随着科技创新的发展，全球一体化，对于城镇规划技术来说，国内外获得的发展基础产生了相同之处，研究者们对城镇规划技术的探索都具有典型的时代背景。本书模糊了城市规划、城镇规划、乡村规划的概念区分，统一为研究城镇化发展服务的城镇综合规划技术。

1. 必须采用先进的规划理念

国外的城市化历程已经走过了高速增长的阶段，也存在着一定的矛盾和问题，城市的增长问题变成了一项挑战。先进的规划理念体现在公众参与规划，从而实现经济、社会、文化与生态价值统筹安排。各国的规划师、工程师、建筑师、研究者们都在努力采取精明而可持续的城市规划与设计方法，一方面试图解决由时间和历史原因造成的矛盾，另一方面以建设生态城市、绿色城市、可持续发展城市为目标努力寻找新的规划技术，这些研究与努力并非局限在可操作技术上，社会、政治、公众都是新技术发展所共同关注的问题，一些国家在城镇综合规划技术方面有了新进展。

多角度、多层次的规划理念。美国的迈克尔·P. 布鲁克斯以规划的过程为基础，以规划师的角色为切入点，讨论规划到底应该怎样进行。他强调规划是社会实验，认为传统的规划师角色都可以归纳到四个范式中，即合理规划、渐进主义、倡导规划和交流行动。而规划过程的每一个阶段都会从客户、领导、官员、同事和具有影响的人物那里得到反馈，可依据反馈采取行动，他把这种规划过程

称为"反馈策略"。反馈策略的实行需要经过六个阶段：第一个阶段，需要确定可操作性的问题，这个问题受反馈的制约；第二个阶段，规划师需要从若干来源中考虑选项，并进行分析；第三个阶段，规划师对这些选项做出初步选择，最好按照经济、政治可行性等做出选择；第四个阶段，规划师以实验的形式设计和实施选择出来的行动方针；第五个阶段，规划师对所选行动方针的效果进行评估；第六个阶段，做出处理决定，行动方针在什么程度上与规划师的客户群体的目标一致，依据这个做出决定。他把规划看作带有社会背景和政治目的的，一个高度政治性的工作，因此采用"反馈策略"可以把社会和政治环境并入规划过程中[145]。瑞典的国土有限，但是在坚持可持续发展方面取得的成就却举世瞩目。有瑞典学者预测，"主动式""综合性"将成为城市规划的一个重要特征。规划的大背景已经发生变化，如果各地区一味被动地等待来自其他方面的规划设想和提议，保障公共利益将困难重重，关键还是要看各地区能否战略性地使用城市规划工具，城市总体规划必须成为一个平台，汇集本地和区域参与者的意见，进而对不同的发展情景进行评判；各方参与者在规划过程中都有权发表自己的意见，并且坚持城市政府及其主持的城市规划必须扮演关键和积极的角色[83]。澳大利亚人选取了一定特殊的角度对城市规划寻找了新的方向。他们对城市为谁而建发起了讨论，认为现在的城市发展在青少年健康和福祉方面造成了极大的问题，以此为切入点提出了城市规划的一个崭新的视角，让城市回归儿童。规划师怎样才能实现以儿童为核心的城市规划呢？他们了解儿童广泛多样化的环境需求吗？交通、居住、购物这些儿童必需的场所怎么规划呢？布伦丹·格利森和尼尔·西普提出了一个全新的规划方法：让儿童、青少年与规划师开展合作，鼓励跨年龄群的公众参与。对于规划师来说，包容政策意味着规划政策和决策焦点的转变，变为针对那些受政策影响最大的群体，将儿童权利纳入规划系统[146]。

小城镇规划的新角度。近两年中国提出特色小城镇的建设，试图获取中国新型城镇化发展的可能路径。国外的学者因其城镇化的进程开始较早，所以也较早就开始思考多大的人口规模与陆地面积可以为人提供一个功能齐全的居所。加拿大的阿维·弗里德曼作为一名城市规划师和建筑师，提出对小城镇进行规划的一种新模式。他提出小城镇一旦规划合理，既定的城市形态也可以增加社会资本，因此对小城镇的住宅进行规划时，第一要坚持新的住宅区规划在一个大致相等的区域中；第二要强调重视家庭需求的多样化的房屋类型；第三加强社会网络，减少环境足迹[82]。国外的城镇规划实践及理论界对城镇规划的探索，为各种规划技术发挥实践作用的方向及效果拓展了无限的可能性；对规划的政治背景的明确，对规划的公众参与角度的扩展，对小城镇规划的新模式的探索，都对中国的城镇综合规划技术的发展提供了可以借鉴的方向。

把以人为核心、尊重自然、传承历史、绿色低碳理念融入城市规划全过程。在新型城镇化建设中，需要充分听取普通民众的声音，特别需要关注农民的主体地位，充分尊重农民意愿，切实发挥农民在新型城镇化规划中的主体作用，不断提升农民的获得感、幸福感、安全感。

2. 合理采用先进的规划技术手段

中国在 2014 年发布了《国家新型城镇化规划（2014—2020年）》，《规划》明确了城镇化的发展方向、发展目标，并对土地管理、生态环境保护、健全房地产市场调控长效机制等方面提出了具体的要求。制定越来越详尽的、科学的城镇规划目标，需要新型城镇化的规划越来越具体和科学。信息技术的发展对中国城镇综合规划技术产生了新的影响，成为城镇规划技术发展的一个新方向。

随着大数据时代的发展，基于手机客户端的大数据应用技术不断地为城市规划研究提供空间决策信息和海量数据支持。国内学者就如何响应大数据时代的要求，充分发挥大数据在数据获取与分析技术方面的优势，运用大数据对城市规划进行了一系列技术研究。如有的学者提出了从手机信息数据中获取城市之间的联系流，用以测度城镇体系等级结构的方法，适用于对城镇体系现状进行分析，对既有的规划实施评估[147]。有学者探讨了 GIS 规划大数据、手机定位数据、出租车 GPS 定位数据等大数据方法在全样本规划的矛盾查找、城市公共中心体系识别、交通拥堵程度分析等方面的应用[148]。

有学者从空间布局的角度出发，将出租车在城市的动态信息作为数据，探究城市空间内部的活跃区域与城市商业用地在空间上的聚集特点和相互关系，对城市的商业用地进行评价[149]。也有学者选取具体旅游城市厦门的出租车作为研究对象，利用浮动车数据的采集和处理技术，采用核密度估计法，对数据进行分析处理，挖掘旅游基础设施的空间布局特征，为城市规划提供管理依据[150]。这些与大数据相结合的具体技术对促进传统的空间规划向动态过程规划、综合规划转型，实现城市空间品质的提升具有一定的作用。但大数据的使用只是使规划更全面、更具体，在规划方法上并没有发生根本的变化，规划必须要考虑环境、行为、社会等多方面的因素。

第二节　绿色技术是实现新型城镇化的生态价值的路径

对于传统城镇化产生的环境问题，社会和经济组织需要进行根本变革才能回应环境的需求。但是城市和城镇作为一个客体，自身就是一个特殊的环境实体，这种将城市问题与环境问题交叉在一起进行考虑的思路自 20 世纪之初才越来越被重视起来。人们认识到，除了自然环境因素之外，人类生活的城市是大多数污染及自然环境衰退的原因。如空气污染、水污染、土壤污染等，都与城市密切相关。适当、合理的城镇发展是新型城镇化的必由之路。新型城镇如何设计规划、如何进行空间布局、如何进行实际建设？除了需要城镇综合规划技术作为支撑来解决问题，同时也需要绿色技术来兼顾环境问题，达到既定环境目标，实现城镇的真正可持续发展。

一、　绿色技术的生态价值赋予

中国传统城镇化的诸多弊病，如"粗放式"城镇化以快速土地扩张为手段，依赖大量的投资，并且是投资少数行业，忽略对民生、环境的关注，造成资源、能源的过度消耗，并形成了严重的环境污染。新型城镇化要实现的是绿色的发展、可持续的发展，打造城镇的"绿色环境"，实现绿色的生态价值。这里的绿色环境的实现不是狭义上的环境因素，而是广义上的绿色发展。既要绿色又要发展，两者内在整合在一起。当然，绿色环境实现的还是以人为核心、以自然为本，人与自然和谐的城镇。在新型城镇化绿色环境的建设过程中，需要做好遗产保护、建筑设计与场地设计、能源规划与利用、节水与水资源利用、固体废物处理与资源化利用，这些都需要建立新的技术系统加以保证。这些技术共同作用来保证城镇的资源及空间的合理分配，以期尽量减少现代的环境污染，尽可能打造可持续发展的城镇。

在诸多技术种类中，与实现新型城镇化的生态价值相关的技术有绿色建筑技术、环境技术、节能技术、生态学技术、生物化学技术等，这些技术综合为绿色技术系统，其中，绿色建筑技术是主体。但是人不是只居住在建筑中，而是生活在以建筑为核心的、一定半径的环境中，因此绿色建筑技术绝非孤单的技术，而是与其他绿色技术密切相关。在新型城镇化绿色技术系统中，不同类别的技术对于不同的需求所起作用各不相同。为实现城乡统筹的新型城镇化，绿色建筑技术因其自身的固有特征，统领了其他技术，占据主导地位。

1. 以绿色建筑为主体

绿色建筑也被称为生态建筑、可持续建筑、与环境共生建筑。国际上对绿色建筑的提出始于 20 世纪 60 年代，美籍建筑师保罗·索勒提出了"生态建筑"（ecological building）的概念，被认为是绿色建筑的雏形。他把生态建筑定义为能与自然环境密切相关，并且尽可能不破坏当地环境的适合人类居住的建筑。而 20 世纪 90 年代后，绿色建筑理论研究才开始走入正轨。阿莫里·B. 洛温斯在《东西方的融合：为可持续发展建筑而进行的整体设计》一文中指出："绿色建筑关注的不仅仅是物质上的创造而且还包括经济文化交流和精神等方面。"那么，建筑怎样才能不仅仅是物质上的表述，还能包括经济、文化和精神的内涵呢？国际上并没有对绿色建筑作统一的界定，无论是称作生态建筑、可持续建筑，还是与环境共生建筑等，都是非常新颖复杂的概念，应该是从内涵到外延都贴切的一种建筑形式。英国、美国、德国、日本这四个国家在绿色建筑方面形成的评价体系是国际上影响较大的标准。这些量化的标准为绿色建筑的评定确立了评价指标，操作起来更有实用性。

但笔者认为绿色建筑不是一般的建筑物，它不仅仅是对建筑本身的定义及定性，更多的是一种理念，需要融入到城镇的发展中来，并作为一种趋势存在，成为城镇的一部分。如果说一般意义上的建筑物是作为城市的骨骼存在的话，绿色建筑应该已经融入了城镇的血液和神经。2006 年 10 月，"绿色建筑"因被定位为城镇发展的核心而被纳入"十一五"发展规划中。2014 年推出的中国绿色建筑的建设标准中指出：绿色建筑是指在全寿命周期内，最大限度地节约资源（节能、节地、节水、节材）、保护环境、减少污染，为人们提供健康、适用和高效的适用空间，与自然和谐共生的建筑[151]。而《中国绿色建筑行动纲要》制定了明确目标：计划到 2015 年，建成 100 个生态城（区），建成 500 个绿色低碳小城镇，2016 年及以后新建的建筑强制执行绿色建筑标准。而到 2025 年，我国城镇新建建筑将全面执行绿色建筑标准。绿色建筑需要大量的技术来支撑，如绿色建筑技术、新材料技术、生物技术等。这些技术共同作用来保证城镇的资源及空间的合理分配，以期尽量减小现代的环境污染，尽可能打造可持续发展的城镇。

2. 赋予生态价值的绿色技术系统建构

以绿色建筑为主体的绿色技术系统，从中国新型城镇化的视角来定义绿色技术，本书将人-建筑-环境三者看作一个系统，作为城镇的规划与建设的理念，以新的技术体系作为支撑，建造符合当地特色，兼顾经济与环境的发展，以低能耗来满足人们的需求，创造健康、舒适的空间环境。这才是中国新型城镇化绿色技术的真正内涵所在。因此，绿色技术系统还包括清洁空气技术、绿色道路技术、垃圾回收技术等，形成一个整体的生态技术系统。生态价值的赋予具体可归纳为节能、节水、无害化。

节能技术的生态价值赋予。节能技术在减少不可再生的材料、能源的使用的同时，也减少了对环境的污染。在节能技术方面，近年来地热能、太阳能、潮汐能和风能等再生资源技术被引入，光伏建筑一体化、建筑能量再循环、区域供热等技术被人们用来进行能源管理；节地技术方面，生物降解、厌氧消化、立体绿化、立体车库等，被人们破解密码并被投入土地的管理使用中；节材技术方面，

3D 打印技术日趋成熟，将其运用到建筑三维模型的设计使用中，打印成实物，会大大节省建筑材料；还有建筑新型外墙及屋面保温材料技术，用新材料来实现更良好的保温隔热功能。当然，很多建筑新技术也被人们认可和使用，如智能建筑技术、光合作用技术等。这些新技术的可用性及适用程度并不一致，所产生的技术产品在业界的实用程度也各不相同，这些绿色建筑新技术的成熟度与技术自身的创新程度密切相关。在原有建筑技术基础上进行创新的技术，更容易被接受和使用；创新程度越高的技术，推广的阻力越大，但其往往是未来绿色建筑技术发展的方向。

节水技术的生态价值赋予。节水技术不仅节约水资源，还起到保持生态环境的自然循环和平衡的作用。在节水技术方面，绿色道路技术与绿色建筑技术配套，生态贮渗设施技术、雨水处理技术、废水收集与再利用技术被广泛重视及应用。人工环境是最大规模地改造人工自然的实践。人类创造的建筑可以称为人工物的聚焦点，道路系统就是把这些聚焦点联系起来的线。如果道路技术不能与建筑一样达到绿色标准，那么，整个城市和乡村环境的生态价值将无法实现。近些年来，人们发现城市给排水技术和道路技术破坏了水的自然循环，因为雨水在柏油路和水泥路的硬地面上不能自然渗漏到地下，经排水系统直接排到江河，造成地下水的枯竭。同时城市暴雨径流的大流量、高峰值如果超出了城市排水设施的排水能力，还将导致城市洪水、内涝频发。"海绵城市"的建设就是用新的道路建设技术和给排水技术来解决这个问题。在新型城镇化的建设中，农村基础设施的建设量巨大，采用先进的绿色技术特别重要。

无害化技术的生态价值赋予。无害化技术体现了同时考虑对人的健康和生态环境影响的后果，落实了以人为核心、以自然为本的生态理念。无害化技术又分为清洁空气技术和垃圾回收技术等。

无害化技术需要清洁空气技术与绿色建筑技术配套。人们每天都要呼吸空气，无论室内还是室外，空气质量优劣对健康影响巨大。清洁空气技术既包括宏观的对企业空气污染排放的监控、治理，也包括解决建筑本身造成的空气质量问题。对建筑室内装饰材料释放的甲醛、建筑外墙装饰造成的光污染、采暖造成的空气污染的评价都必须纳入到绿色建筑的标准之中。

垃圾回收技术是人工物废弃后的处理手段，垃圾处理不当，直接影响人类健康，并且污染土壤和地下水体。垃圾回收技术分为垃圾分类和垃圾处理加工及再利用。好的绿色技术会综合考虑绿色建筑技术与道路建筑技术的配套，直接将废弃建筑压碎后铺路，不产生新的建筑垃圾，也不会产生垃圾运输的环境成本。

本书将新型城镇化看作一个过程，在这个过程中，绿色技术系统中的各项技术会不断被创新发展，乃至不断有新技术产生。如前文所述，本书认为将绿色建筑作为一种理念，抓住绿色建筑的本质才是建设绿色建筑技术系统的关键。无论具体技术如何创新、发展，技术最终满足人类保护环境、宜居的需求，让人生活得更美好（物质、精神）才是关键。

二、 中国新型城镇化绿色技术的现状及问题

早在 2005 年，建设部就制定出了绿色建筑的相关指导文件，对绿色建筑的内涵和技术要点进行了分析，并给出了具体的指导意见，明确了节约使用能源、水源、材料和土地等资源的原则要求，形成了相对完善的技术框架，使绿色建筑的发展得以良性进行。

1. 中国新型城镇化绿色技术发展现状

自 2008 年以来，我国已评审通过了 3000 多个绿色建筑，可谓发展迅速，但与中国近 500 亿平方米的总建筑面积比较，所占比例还是非常小的。并且，有些通过验收的绿色建筑，绿色不"绿"，建筑质量参差不齐。

国家绿色建筑评价标准翔实。2014 年国家住房和城乡建设部与国家质量监督检验检疫总局联合发布了《绿色建筑评价标准》（GB∕T 50378—2014），这一国家评价标准不仅对绿色建筑及技术中的相关术语做了界定，还对绿色建筑的设计评价与运行评价提供了可依据的具体标准，这项标准中对绿色建筑中的各项具体技术的技术指标进行了规定，给出了评分的规则。在这个评价标准中将绿色建筑技术分为了七大类，包括节地与室外环境技术、节能与能源利用技术、节水与水资源利用技术、节材与材料资源利用技术、室内环境质量技术、施工管理技术、运营管理技术，在每一大类技术中又包

含很多种细化的相关技术，对每一细化分类的技术都有具体的评分规则。这一国家标准的发布，对中国绿色建筑技术体系实现了基本的建构[151]，绿色建筑技术的基本体系在国家评价标准中得到了确立。而《绿色建筑技术实施指南》一书的编制则是针对新版标准和中国目前绿色建筑的实际情况，与标准中的每一项技术相对应并提供具体的技术指导，每一项技术的技术简介、适用范围、技术要点、相关标准规范都阐述得详细、明了，满足技术使用者的实践需求。可以说是一本技术使用手册，为从事绿色建筑建设、施工、咨询、运营管理的相关人员提供了详细、科学的技术指导[152]。绿色建筑技术体系在这部《指南》中得到细化，可操作性、实用性更强。

另外，中国正在强力推进建筑工业化。建筑工业化，指通过现代化的制造、运输、安装和科学管理的生产方式，来代替传统建筑业中分散的、低水平的、低效率的手工业生产方式。它的主要标志是建筑设计标准化、构配件生产工厂化、施工机械化和组织管理科学化。建筑工业化是中国建筑业的发展方向。建筑工业化可以提高建筑最终产品特别是住宅建筑的质量和功能；建筑工业化可以优化产业结构，加快建设速度，改善工人的劳动条件，大幅度提高劳动生产率；建筑工业化也可以使粗放型的建筑业变成精细型的建筑业，减少建筑工地现场灰尘污染和噪声污染，在集中化的工业生产过程中可以更便捷地融合绿色技术，更容易完成生态指标的把握和控制。

2. 中国新型城镇化绿色技术存在的主要问题

中国绿色建筑基础研究起步晚，人们的绿色环保观念欠缺，使得中国的绿色建筑技术的发展也充满了困难。根据中国绿色建筑技术发展及应用的现状来看，结合中国绿色建筑的质量，发现中国绿色建筑技术体系存在着如下几个方面明显的问题。

绿色技术体系不完善。绿色技术不能只局限于建筑技术，绿色建筑技术也不能只研究材料——墙体的节能问题上。中国各个城市建委都成立了"墙体改革办公室"，足见中国绿色建筑发展的历史和主题，它的主要管理职能是墙体材料的管理、推广、备案。推行绿色的墙体技术，新型墙体材料可以用于新型城镇化的新农村建设，促进居住建筑的节能；高效节能被动围护结构还用于生产性建筑，如低温冷库、蔬菜水果保鲜库、有恒温要求的工矿企业厂房及农业种植和养殖恒温大棚、场房。但是绿色建筑技术与其他绿色环境技术如给排水技术、采暖技术、绿色道路技术、清洁空气技术、垃圾回收技术不配套，从管理上来说归于各个部门，从技术上来说缺乏综合和集成，如果单纯地研究一种生态技术，不与其他生态技术统筹考虑，生态价值的实现就大打折扣。

绿色技术体系缺少软技术。中国目前现有的绿色建筑技术体系看起来很全面，但实质上只是各项硬技术的叠加，缺少软技术的加入。现有的绿色建筑推广、质量、验收都存在一些问题，需要相应的法律、法规来保证绿色建筑有质量地运行和使用。人们对绿色建筑的运行效果、对环境可持续发展的必要性认知不够，这些都需要相应的软技术作为技术系统的一部分，与硬技术共同作用，并相互依赖，形成一个技术系统。

绿色建筑技术创新需要动力。因中国绿色建筑发展晚、对其重要性认识不清晰等原因，绿色建筑的基础性研究工作存在大量的空白，导致绿色建筑技术从理论走向实践的基础缺失。国外绿色建筑技术领先于中国，在发展初期引入国外的先进技术是一个捷径，但这样一来就造成绿色建筑成本偏高，并且引进来的绿色建筑技术并不能完全适应中国的气候、符合中国人的生活习惯。绿色建筑的投入与成本是一个问题，此问题不解决，企业便失去推广的动力，技术研发创新，摆脱技术的国外引进制约，降低建设成本对绿色建筑的推广是特别重要的战略问题。因此，国家对新型城镇化的重点技术领域——以绿色建筑为主的生态技术投入了更多的资金和人力，取得了更高水平的成果。

绿色技术推广需要相应政策的支撑。技术的进步需要经济、社会共同作用才能形成产业化的发展。中国虽然从 21 世纪起制定了一系列相关技术的评价标准及节能法规，但对于绿色建筑的推广并没有强制性的要求，对绿色建筑的认识也没有上升到绿色发展理念的高度。因此，需要制定对于推广绿色技术的企业的奖励和对不执行绿色技术标准的企业的惩罚政策。各级政府的财政支持和国家对绿色建筑的示范推广，是绿色建筑技术发展的必要条件，同时引用社会资金的加入和社会力量的宣传也是推广的路径之一。

三、　国际绿色建筑技术的发展和启示

人类在不久以前还一直认为资源是无限的，科学技术能够解决一切问题。无论是国内还是国外，基于对环境、对人与自然之间关系的错误认知，并且为了追逐自己舒适便利的生活，人类的建筑对资源、环境的影响并没有被纳入考虑的范围之内。当我们认识到人类应该为地球的可持续生存而努力时，建设防止环境污染、能够实现资源保护的绿色建筑成为了人类建筑技术的发展方向。

1. 国外绿色建筑技术的发展趋势

绿色建筑的兴起，引起了人们越来越多的关注。随着绿色建筑的实践和发展，绿色建筑技术也取得了一定的发展，国际上对绿色建筑的性能和质量还出现了绿色建筑评价体系，最早在英国，之后美国、德国等国结合本国具体情况相继推出了绿色建筑评价体系，绿色建筑技术也在评价体系的规范下逐渐发展。

发展绿色理念的设计技术。美国著名的生态建筑师丹尼尔·D.希拉博士就是一位绿色建筑的积极倡导者，他认为绿色建筑应该使用回收材料、天然材料作为建筑材料，采用的技术应该以获得大量的可再生能源为目标，被动式太阳能采暖和降温技术就能够满足上面的要求。被动式太阳能采暖住宅的设计需要专业知识作为技术实施的原则，如太阳能集热器要布置在合适的位置；住宅的长轴应位于东西方向以获得最佳的太阳辐射；窗户应集中开向住宅南侧；住宅应安装遮阳板；应设计充足的蓄热墙；太阳能设计都依赖于能源的使用效率；防止保温层受潮；使房子尽可能直接接受阳光带来的热量；保留无直射阳光区域；需要辅助热源[153]。遵守一定的原则，采用新的设计工具，以被动式太阳能采暖技术达到最佳性能和最低的成本为目标。

发展因地制宜的绿色技术。发达国家的城镇化与发展中国家相比较而言，实现得早，实现得快。但同样的这些国家的城镇的建筑年限都偏长，年代久远，其中不少具有百年历史。因为当时的技术有限，在建筑的初期也没有考虑到可持续、绿色、节能等多项目标及理念，隔热性差，保温水平低、能耗大、气体排放量大。而世界

上诸多国家新建建筑的数量逐年减少，因此建设的重点都集中在对既有建筑的维护改造上。世界上发达国家对既有建筑进行的绿色改造，遵守的原则、标准规范、发展模式大致相同，但是要坚持因地制宜，并且明确绿色建筑不是单纯的某一方面设备的体现，而是要建立绿色综合概念。不同国家针对建筑的绿色改造的法律、法规、标准规范都不是完全相同的，有的国家建设示范基地或地区，有的从国家层面执行财政补贴。如美国为了解决既有建筑的能耗和环境问题，从国家到地方政府制定了多种措施，既有国家层面的《既有建筑节能标准》对节能技术提出要求，又有美国绿色建筑委员会的"绿色能源与环境设计先锋奖"来对绿色建筑进行评估，并且美国能源部的居住建筑技术集成、商业建筑技术集成、新兴技术研发、建筑设施和设备标准、制定建筑节能法规等方面均涉及既有建筑绿色改造[154]。

重视绿色技术系统的配套。如澳大利亚不仅重视绿色建筑的开发，同时对于城市水系统也采用生态的水敏感城市设计（water sensitive urban design，WSUD），这一设计就是"通过在城市到场地的不同空间尺度上将城市规划和设计与供水、污水、雨水、地下水等设施结合起来，使城市规划和城市水循环管理有机结合并达到最优化"[155]。首先，这套设计采用先进的雨水管理系统将城市雨水收集起来，然后通过生态贮渗地和城市湿地来过滤和清洁。处理后的雨水再排入布罗德沃特水域，作为自然水循环的补充，这一系统每年可减少90%污水量。其次，通过新道路建设技术，采用渗水、抗压、耐磨、防滑、易维护和吸声减噪的材料铺设道路，建成了"会呼吸"的城镇景观路面，雨水被导流至植被覆盖区，既能灌溉，又能有效补充给水系统主线。最后，设置大面积湿地公园，作为生态贮渗地，可通过沙质土壤过滤雨水，补充地下水。

2. 对中国新型城镇化绿色技术的启示

国外绿色建筑的发展及相关技术的成熟与使用，对中国现阶段快速发展的绿色建筑具有重要的指导意义。根据国外绿色建筑技术的发展与应用，结合中国目前绿色建筑（包括新建绿色建筑和既有建筑的绿色改造）的实际状况及技术体系相关情况，提出如下几个方面的启示。

首先，对绿色建筑需要有一个科学的认知。任何建筑活动都会对土地造成破坏，而绿色建筑应该是能够治愈这种伤害的建筑形式。绿色建筑是一个有机整体，它与环境、经济、人类形成一个系统，以人为本，既实现环境保护又兼顾人的身体健康，得到长期的经济效益。但同时绿色建筑也面临社会发展的新挑战，如怎样促进邻里的交流，同时又保护人的隐私。绿色建筑不是单纯的某方面设备的体现，也不能将节地、节能、节水、节材等技术目标的实现割裂来看，而是要建立"绿色"综合概念。永续生活依赖于生态设计原则，原则的实现会相应产生许多设计、方法和技术。

其次，正确评价绿色建筑的成本及投入。绿色建筑往往给人高成本难以负担的印象。实质上，现在的建造者追求的是降低成本，减少材料，住宅廉价而低能耗，用庞大的采暖和制冷系统来弥补，造成过多的能源消耗和不必要的环境污染，而绿色建筑会解决这些问题，带来更好的舒适性及可持续性。一方面，绿色建筑技术可以解决部分成本问题，如可以采用回收材料（汽车轮胎、秸秆、瓶子、服装、报纸、纸板、石膏板等类似的废料），或者原木、薪材、石材、纸水泥等天然材料作为建筑材料，或使用它们直接打造出家具，既降低成本又环保节能。另一方面，节能的住宅设计，使得建筑投入使用后的能源消耗大大减少，这也降低了使用成本。综合这两个方面的因素，绿色建筑是一种长期的投入，成本不是如想象中的那样高不可攀。

再次，绿色建筑无论是新建还是改造，都应将政府部门作为一种推动力量。科学的发展政策、大力的财政支持、系统的法律法规、科学的体系标准，缺一不可。中国的新建绿色建筑数量少，既有建筑（老旧小区）的绿色改造工作基础薄弱。中国的法律、法规对绿色建筑的约束有待加强，经济政策的鼓励有待发布，标准规范的引导有待制定。国家、省、市各级政府应该共同架构管理机制，绿色建筑的发展政策也应该分为不同的级别。绿色建筑的法律体系可分为基本法和法规层次，技术研发建设、节能意识建设、财政税制建设、国际交流建设等方面的法律法规都是政府应开展的工作。政府层面的绿色建筑示范计划，打造示范工程，为不同气候、不同地区的绿色建筑提供方案，形成可推广、可复制的技术体系。

最后，绿色建筑技术为基础的新建与改造并存的原则。因城镇化的特征与发达国家不尽相同，各地区具体情况也存在区别，我国的城镇化应该执行以绿色建筑技术为基础的新建与改造并存的原则。我国城市的部分既有建筑安全失效、功能退化，或能耗较高，可以通过绿色改造成为绿色建筑。现在的老旧小区改造工作与其类似，但真正实现绿色改造才是目标。乡村的具有特色的既有建筑也可以结合当地人文、环境、社会、文化背景进行改造，打造可持续发展的美丽乡村。而新兴城镇或城市的绿色建筑应以新建建筑为主，结合城镇总体规划，实现新型城镇化。总之，既不放弃改造有价值的既有建筑，又要以节约能源、资源、可持续发展为目标，采取合理的、先进的技术，使中国的绿色建筑新建与改造并存。

第三节　智能化技术是实现新型城镇化功效价值的手段

智能化技术是计算机技术、信息技术、网络技术、大数据技术、物联网技术、精密传感技术、GPS 定位技术、人工智能技术等的统称。智能化城镇是智能化技术渗透到城乡生活各个方面的具体体现。自 2015 年以来，人工智能（artificial intelligence，AI）快速发展，不仅开启了人与机器人之间新关系的起点，也为新型城镇化的发展注入了新的动力。新型城镇化功效价值的实现，需要不断进行科技创新来推动经济的发展，智能技术与交通、工业、农业、建筑、服务业相结合，是智能化技术推广的关键环节。

本书提出的智能化技术强调将智能技术与中国新型城镇化相结合，它区别于传统信息技术，要应用在城市规划、建筑设计、城市管理、服务、交通、医疗等领域，可以说是覆盖城镇发展的各个方面，只要是智能技术能够涉及的。智能化技术发展的目的就是实现未来新型城镇化的终极发展目标，它贯穿于城镇化的过程中，无处不在，因此前面提到的城镇综合规划技术、绿色环境技术都有它的影子。

一、 智能化技术的功效价值赋予

智能化技术超出人类想象的发展，决定了智能化技术的广度和深度的不可估性，从此角度来说智能化技术支撑着新型城镇化发展的框架，是城镇化创意价值实现的关键所在。近年来智能化技术出现了很多新的进展，为智能建筑的发展注入了更多的内容，用大量的智能系统，推进绿色建筑发展，实现城镇的可持续发展，成为新型城镇化技术系统坚定有力的新生力量。工信部统计数据显示，2016 年中国人工智能市场规模达 239 亿元。智能化技术在发展的过程中，必须同实体经济深度融合，实体经济是一国经济的立身之本，是财富创造的根本源泉，是国家强盛的重要支柱。

1. 凸显人的主体性的智能化技术

因人工智能技术的先进性及发展迅速的特征，将智能化技术中的人工智能技术作为其当前发展阶段的代表。有学者把人工智能定义为人造系统所具有的一种模仿、拓展和超越人类智能的能力[156]。就是说人工智能在模仿人类智能的同时，还会模仿自然界的一切智能，用以拓展、增强人类甚至某方面超越人类智能。智能化技术与其他种类的技术在人类社会的应用过程与效果存在着显著的区别。智能化技术产品的特殊性决定了技术的使用者与技术本身关系的复杂性，智能技术是人与智能机器共同发挥作用，因此智能化技术与新型城镇化问题连接在一起，是对人的主体性的重视，是从一个特殊角度对以人为本的诠释。

关于人工智能目前没有一个明确的定义，不同的学者给出了不同的定义。人工智能之父 Minsky 认为，人工智能就是利用机器来完成涉及人类智能任务的一门学科。从广义上讲，人工智能是关于人造物的智能行为；从狭义上讲，人工智能是计算机科学的一个重要分支，是一门研究、开发、模拟、扩展、延伸人类智能的方法、理论、应用的系统科学。对于人工智能概念的争论有弱人工智能学派与强人工智能学派两种不同的观点。两派观点本质的区别就是对于人工智能是否能完全等同人类智能的认知，弱人工智能学派认为机器的智能是人通过程序赋予的，只在一定范围内拥有智能；强人工智能学派则认为机器是有知觉的、有意识的，电脑可以模拟替代人脑。人工智能与城市相结合，应用于城市的建筑、规划、设计、交通、医疗等各个方面，促进智能化城市、智慧化城市的建设与发展。

城镇的主体是人，不同城市的形态、文化、历史、结构不尽相同，但人的主体位置是不会变化的。智能化技术方便人们的生活，改变人的生活状态，甚至于对人的伦理、道德产生极大的冲击。任何智能系统工作的前提，都是人类作为主体利用自己的隐性智慧设定一个工作框架，明确要解决的实际问题是什么，并且要预设解决的目标。

智能化技术与城镇相结合，实现的是机器与人的一体化，运行于城镇中，与人类社会相互作用，产生一定的后果和问题。智能化技术的应用满足新型城镇化的需求，需要保证的不仅仅是城市的物质形态，它作用的结果甚至颠覆了传统的城市形态，更趋向于达到以人为本的"化人"的目的。任何技术服务的对象都是人，技术作用于人类社会要实现满足人的需要的某种价值，也就是说都要考虑人的作用。智能技术与城镇相结合产生的智能化技术的使用，改变的不仅仅是物质世界，还会颠覆人类的思维、社会的伦理道德，甚至人类世界。因此对智能化技术系统产生的相应问题需要引起足够的重视，否则很可能技术的负效应会超过正效应，智能化技术的应用的目的和效果都会违背初衷。

2. 新型城镇化中的智能化技术

近年来，智慧城市在城镇化中不断被提及甚至被作为城市发展的目标。2017 年 7 月 8 日，国务院印发了《新一代人工智能发展规划》，标志着人工智能正式上升为国家战略。很多学者认为智慧城市必须以人工智能为推手，借以实现真正的智慧城市。著名经济学家成思危先生对"智慧城市"给出了狭义与广义的两种定义，狭义的就是用信息技术来改进城市管理，广义的就是运用人们的智慧来管理与发展好城市；一般均认同人工智能无法模拟复制人类心灵层次的"隐性智慧"。除了智慧城市，还有智能城市的提法。智能城市的英文为"smart city"，智慧城市的英文为"smarter city"。无论是智慧还是智能，只是两种不同翻译方式，在特征上并无区分和不同，因本书提出的城镇化是城市与乡村统筹的城镇化，因此将其统一为

"智能城镇"。

　　智能化技术是超越信息技术的综合性技术，它以拟人的智能活动为主要目的的技术。以智能城镇为例，如果将城镇视作拟人的生命体，完整的智能城镇技术架构所代表的内涵近似于人体的神经活动，即能够对体内和外界环境的各种信息刺激做出反应。人体神经活动的基本过程是反射，反射的结构基础为反射弧，包括五个基本环节：感受器、传入神经、神经中枢、传出神经和效应器。智慧城市的技术架构包括城市对于信息的感知能力、传递能力、判断能力以及反应能力[157]。人工智能技术作为一种实现的手段，加上人的智慧来实现城镇的智慧化或智能化。本书强调建立及使用智能化技术系统，是强调在新型城镇化中应用包括人工智能技术在内的智能技术。在实体经济中能够具体应用的技术主要归纳为如下的几个方面：智能化技术在城市基础设施中的应用，即城市基础设施智能化，包括水、交通、气等；城市规划智能化，包括对城市空间进行管理的城市规划管理信息化、社会治理精细化、建筑设计选型、建筑风格样式等技术；建筑智能化，包括专家系统、人工神经网络、决策支持系统和多 agent 技术；服务智能化，如可穿戴增强现实、绿色系统、智能家居、无人驾驶技术等，其中无人驾驶技术在美国、中国、芬兰等国已经进入到了无人巴士上路测试阶段。百度公司计划对无人驾驶小巴士实现小规模量产及试运营，这意味着这项技术的成熟推广将会为城市的交通系统带来翻天覆地的变化。

　　城镇化建设的智能化技术系统将比其他的技术体系发展得更快，甚至超出我们的想象。需要强调说明的是，人工智能技术在近年来飞速地发展着，比如 AlphaGo Zero 只用 40 天自我学习就超越了花费 2 年时间训练模型的所有旧 AlphaGo 版本；人机对战、无人驾驶、智能家居、人脸识别解锁被逐渐应用于日常生活。这些意味着前面我们提到的人工智能与城市相结合的各种智能化技术也将不断地被深化、超越，技术系统覆盖范围将不断扩展。虽然人工智能运算的智能不代表行动的智能，但人工智能如果与实体经济相结合，需发挥目前的计算的智能优势，形成智能化的技术手段，新型城镇化各种可持续发展目标都将得到保证。医疗、交通、服务、娱乐等诸多方面都将成为人工智能技术在新型城镇化发展过程中覆盖的方面。需要注意的是，人工智能技术发展本身已经不是问题所在，研发的门槛进一步降低，但其应用和普及在未来将面临更多的问题，如伦理问题、法律制度的配套等。摆脱知识束缚，让人工智能具有更高的自主性，可以应用在其他问题中，如减少能源消耗、寻找革命性的新材料等。所有这些我们已知的和没有预判到的各种智能化技术的产生和应用，将把新型城镇化的发展引领到我们没有预料到的一个境况，时代特征将要被改写。

二、 从信息技术到智能化技术的发展逻辑

自 20 世纪中叶起，信息技术革命引发了信息技术为主导的新产业群，信息技术迅速扩散，并且信息在当今社会成为了一种战略资源。在城镇化的过程中，计算机技术、数字通信技术和信息处理技术等在不同领域发挥着重要的作用。而人工智能技术的飞速发展，使得城镇化的技术手段又增添了无数可能。城镇化过程中应用的信息技术和智能化技术之间是怎样一种关系呢？智能化技术发展到一定程度还需要信息技术吗？

1. 信息技术助力城镇化发展

信息技术在中国城镇化发展的历程中起到了重要的作用，从建筑工程管理到空间规划，从建筑设计到节能、节水、节地、环保。信息技术通过数据分析、数字信息仿真、遥感、全球定位等方式与建筑技术、通信技术、计算机网络技术、自动化控制技术等相结合，对城镇的规划、建筑设计、土地管理、景观设计、暖通供热、城市管理、社会服务等都发挥着重要的作用。

信息技术推动城市规划与设计科学发展，推动城镇化各方面的建设。如利用 GIS 规划大数据、手机定位数据、出租车 GPS 定位数据等大数据方法分析城市交通拥堵状况；利用浮动车数据的采集和处理技术，挖掘旅游基础设施的空间布局特征，为城市规划提供管理依据；从手机信息数据中获取城市之间的联系流，用以测度城镇体系等级结构，对既有的规划实施评估；把数字技术与传统画图方法结合起来的数字混合技术，让建筑设计更便捷、更直观。信息技术让城市管理更细化、全面，BIM 技术通过数字信息仿真模拟建筑

物所具有的真实信息实现建筑工程管理；地球空间信息科学的核心"3S"技术，即遥感（RS）、地理信息系统（GIS）、全球定位系统（GPS）技术，在农村土地流转评价、工程勘察、数字城市等方面多有应用。这些以信息技术为基础的各种新技术、更加细化的技术的出现使得城市规划更动态，建筑设计品质提升，城市管理与服务更便捷。

信息技术使得绿色建筑、智能建筑得以实现。信息技术在建筑工程实施中，可以通过对数据的定量分析，智能优化配合用能系统设计，使设备运行在它的最优工作点上，运用智能化手段节能；BIM 技术作为一种建筑信息建模技术也被应用到绿色建筑设计中来，BIM 绿色建筑设计软件有望取代实样模型及现场实测的做法；而绿色建筑的评估从来都是耗时、需投入大量人力的一个工作阶段，神经网络技术对不同信息源的信息进行复合、集成、融合、联想等处理，可以准确对建筑物进行评价。

新型城镇化的建设目标是绿色的、可持续的发展目标，信息技术的加入使得新技术的变革应用到了这一具体社会实践中来，更符合信息技术革命带来的时代发展特征。但技术的进化是随着人类社会的发展而不断发展的，因此信息技术的每一项技术进步或是新的发展方向都会为城镇化注入新的动力。

2. 新型城镇智能化是信息技术演进的方向

技术无论是从外部因素作用实现发展，还是通过自身因素实现进化，技术进步都将是必然的结果，这也满足技术本质的需求。

就信息技术与人工智能之间的关系而言，有学者就认为完整的人工智能技术系统离不开信息技术，其中传感（感受信息）、通信（传递信息）、计算（处理信息）、控制（执行信息）等技术都属于信息技术，但信息技术在人工智能完整系统中，只负责处理信息层次的问题，对事物本质的认知及解决问题还需要核心人工智能技术。当今时代出现的大数据、云计算、物联网、移动互联网等技术是信息技术的发展方向吗？这些新型信息技术的核心技术正是核心人工智能系统的知识生成和策略创建技术[158]。如果我们把人和现在的现实世界及数字构成的虚拟世界放在同等地位一起考虑会出现怎样的逻辑关系呢？就有几位颇具创新思想的人对这一问题进行了探索，他们按照时间出现的顺序，把世界分为三类"体"，第一体是物理实体，第二体是意识人体，第三体就是数字虚体。第一体和第二体大家都比较熟悉，而第三体——数字虚体，伴随着数字空间的膨胀和智能技术的演进，向着更加智能化的数字虚体智能演进[156]。据此观点，网络、大数据、人工智能各司其职，随着信息技术的发展，由计算机和网络设备之中的所有数字代码组成的数字虚体，必将朝着智能化演进。由以上这些观点我们可以得出这样的结论，信息技术更像是人工智能技术的部分工作的代理人，并且人工智能技术发展是以数字、数值为基础的信息技术的必然方向，是更高的一个层次。

在城镇化过程中信息技术的发展与应用，意味着计算机和网络技术的发展，代表着与信息技术相结合的各项技术的发展。新一代信息技术与智能化技术在智慧城市中的使用，就被赋予如下的技术架构：物联网设备层、基础网络支撑层、基础设施网络层与应用层。物联网设备层包括传感器节点、射频标签、手机、监控探头等，基础网络支撑层包括无线传感网、P2P网络、云计算网络等，基础设施网络层包括互联网、无线局域网、移动通信网络等[159]。

虽然现在的智能技术产品——人工智能机器人，普遍被认为只是计算能力强，行动力还很差，但是其发展的广阔空间及发展速度是受到普遍认可的。新型城镇智能化也会随着智能技术的发展获得长足的进步，如果这一点不被重视起来，人民的生活质量、城镇的合理空间、适度的经济发展这些目标的建构很可能仅仅浮于表面，无法实现其时代特征，真正地与整个世界的发展同步，这样的新型城镇化只能是落后的城镇化，充满了新的问题和矛盾。

三、 智能化技术在新型城镇化过程中发挥作用的空间

在新型城镇化建设的过程中，智能化技术已经覆盖了城市规划、建筑设计、社会治理、社会服务等多个领域，智能可穿戴设备、智能家居、无人驾驶汽车、智能手机、医疗机器人、无人机等这些智能化的产品都在各个领域发挥着作用，极大地改变着人们的生活。但这些都不能从根本上代表智能化技术未来的发展深度和广度，随着人工智能技术的发展，智能化技术的发展还有无限的上升空间，

这项技术在新型城镇化过程中能进步成什么状态？其在人类社会中的应用还要受到很多因素的制约。

1. 以智能化技术促进城乡经济社会发展

推动物联网、云计算、大数据等新一代信息技术创新应用，统筹城市发展的物质资源、信息资源和智力资源利用，实现与城市经济社会发展深度融合。

用智能技术统筹城乡发展的物质资源。统筹城乡发展的物质资源主要依靠物联网技术。物联网是新一代信息技术的重要组成部分，也是"信息化"时代的重要发展阶段。其英文名称是"internet of things（IOT）"。顾名思义，物联网就是物物相连的互联网。物联网涉及的技术有传感器技术、电子标签识别技术、电信网络技术、数据处理技术、计算机显示系统技术、报警系统技术、控制执行技术，广泛应用于网络的融合中。物联网是互联网的应用拓展，因此，应用创新是物联网发展的核心，以用户体验为核心的创新 2.0 是物联网发展的灵魂。物联网把人与人的网络联系扩展到物与物，任何物品与物品之间，都可进行信息交换和通信，也就是物物相息。因此，物联网把城乡的所有物质资源统筹起来，可以帮助企业及时了解生产资料和货源，及时跟进产品售后服务。

用智能技术统筹城乡发展的信息资源。从国家和区域角度看，信息资源的融合意义重大，如卫星定位技术、GSM/GPRS/CDMA移动通信技术、GIS 地理信息系统相结合，能够在互联网和移动通信网络覆盖范围内使用 GPS 技术，达到对大范围的各类信息的搜集。在城镇化过程中，国家和区域必须掌握土地信息、交通信息、人流信息、生态信息，才能达到对整体进程的了解和协调。信息资源的统筹，对于个体来说工作和生活更加方便。如通过感应技术，建筑物内照明灯能自动调节光亮度，实现节能环保；建筑物的运行状况也能通过物联网及时发送给房主，让房主在下班前就向电子设备发出各种指令，提前做饭和准备洗澡水。

用智能技术统筹城乡发展的智力资源。智力资源是其他资源的源泉，统筹城乡发展的智力资源包括教育资源和人力资本资源。大规模开放的在线课程——慕课（massive open online course，MOOC）

的兴起，就是借助智能技术实现的智力资源的统筹。与传统课程只有几十个或几百个学生不同，一门 MOOC 课程动辄上万人，最多达十几万人。开放式慕课最核心的功能是以兴趣为导向，凡是想学习的，都可以进来学，不分国籍，只需一个邮箱，就可注册参与。对于中国来说，教育资源的不平衡始终困扰着乡村和西部不发达地区。慕课解决了这些地方教育资源匮乏的问题，让所有孩子们都能够享受到优质的教学资源。

2. 以智能化技术提升城乡基础建设的水平

首先，智能化技术实现基础设施智能化，推广智慧化信息应用。随着信息网络、数据中心等信息基础设施建设，信息资源社会化和新型信息服务的开发利用，促进城市规划管理信息化。如建筑物与 GPS 系统实时相连接，在电子地图上准确、及时地反映出建筑物空间地理位置、安全状况、人流量等信息。停车难的问题在现代城市中已经引发社会各界的热烈关注，通过应用智能化技术可以帮助人们更好地找到车位。

其次，智能化技术实现基础设施智能化，促进了公共服务便捷化、社会治理精细化。智能化技术实现了跨部门、跨行业、跨地区的政务信息共享和业务协同，加快公共服务向社区延伸，整合人口、劳动就业、社保、民政、卫生计生、文化以及综治、维稳、信访等管理职能和服务资源，提高公共服务水平。

最后，智能化技术实现基础设施智能化，保障城乡信息安全，增强城市要害信息系统和关键信息资源的安全保障能力。如通过成千上万个覆盖地面、栅栏和低空探测的传感节点，防止要害部门入侵者的翻越、偷渡、恐怖袭击等攻击性入侵。把感应器嵌入和装备到电网、公路、建筑、供水系统、油气管道等各种物体中，完善灾害监测与预警体系和应急管理体系，加强防灾减灾能力建设，等等。

3. 中国新型城镇化智能化技术发展的未来

智能化一切可以智能的东西，是智能化技术在新型城镇化发展中的必然目标。现在的人工智能机器人已经能够通过类脑计算模型，模仿人脑的机制，对图像、声音和文本进行解释、分析，这意味着机器人在使用过程中可以向身边的人和其他智能机器人进行学习。

依据人工智能技术发展的这样一个状态和速度，目前城镇化建设中的智能化技术的应用领域、智能产品存在着很多问题。如智能化技术覆盖的城镇化的领域不够多，在每个领域内技术的研发不够深入，智能化产品并不能实现理想的智能状态。例如，智能手机的智能程度并不能够满足人们美好生活的需求，手机不了解我们在想什么，手机不便于携带，手机易丢失，手机不能和家庭设备互联等都在显示它的不智能；智能化穿戴设备，未来可以变化成进入到人的身体内部，即以嵌入式芯片来解决不够智能的缺陷。也就是说智能化技术在新型城镇化的过程中应用可以更广泛，产品可以更智能，从生活中的一件健康的衣服到一个家庭的智能家居，从自给自足的建筑物到可持续发展的城市。如果单就技术问题而言，以上的设想、期望实现都不是问题，但技术的应用从来就是与整个人类社会密切相关的，智能化技术照此速度发展，是要用机器人取代人类吗？这就是下面我们要讨论的相关内容。

智能化技术的发展空间取决于人类对相关伦理、法律、社会问题的妥善处理。随着人类的知识更新、技术创新的加速，我们发现机器人能够代替很多人的工作。技术含量低的重复性劳动是最容易被智能机器人取代的，机器人会比人做得更精准、更认真，并且有专家认为机器人可以做一些创造性的劳动，虽然它们目前还没有人类那么有创造性。这些都意味着，智能化技术的推广将带来大量人口的失业，他们的工作将被取代，他们的生活怎么办？

现在有学者提出将智能化技术作为工具，完成程序化的、重复性的工作，但是现在的智能机器人已经具有自我学习能力了，这意味着它们将来还可能会思考、有思想，甚至于有感情，那么我们人类和机器人之间到底是什么关系，还是单纯的主客关系吗？机器人是主体还是客体，相应的价值关系怎样变化？人类在大力发展智能化技术的同时，也要关注人工智能机器人与人类社会之间的关系，如人能和机器相爱吗？机器违反了人类法律怎么处理？这些都需要相应的伦理、法律来进行规约。

第五章

辽阳县实现新型城镇化的技术选择

应然性就是按人类理想的价值所呈现的状态，实然性就是按现实呈现的状态。第四章从社会的需求角度论述了新型城镇化技术选择的应然性，应然性是一种理想化的状态。中国新型城镇化重点领域的技术发展的现实又如何呢？本章通过解剖辽宁省辽阳县新型城镇化的实践，分析其新型城镇化以及重点领域技术发展的现实状态，从而发现中国新型城镇化技术在乡镇建设的应用中尚处于起步状态，中国新型城镇化任重而道远。

第一节　辽阳县城镇化发展的历史、现状和未来

中国的新型城镇化自党的十八大报告提出发展至今，辽阳县一直在努力寻找自己城镇化的发展动力及突破口。回顾城镇化发展的历史，分析存在的现实矛盾，规划未来的发展目标，根据新型城镇化技术选择的原则，找到适合辽阳县实现新型城镇化的技术路径，是一个很好的突破口。

辽阳市辽阳县位于辽东半岛的中部，是个地理位置独特的地区，处于辽阳市和鞍山市之间，空间被分割成东西两片，南环鞍山市区，北拥辽阳市区。辽阳县东部山区占县域面积三分之二，以林地为主，铁镁矿产资源丰富，而西部平原占三分之一，以城镇和耕地为主。

一、辽阳县传统城镇化的发展历程

辽阳县的城镇化历程与中国的城镇化总体发展情况相符合，一直是缓慢增长，到了 21 世纪前后，城镇化进入了加速期，其中

2008—2013 年，年均提高 1.32 个百分点，2013 年城镇化率为 40%，但是却落后于辽阳市和辽宁省的城镇化率。2013 年以后，辽阳县城镇化进程有所减缓，年均提高 1 个百分点。辽阳县城镇化的主要路径是农村人口进城及外来人口的融入。

1. 辽阳县城镇化的基础状况

辽阳县资源本底优厚，是重要的铁矿基地。鞍山-本溪矿区铁矿石控制资源量可达 260 亿吨（探明 107.85 亿吨），居世界第一位；而辽阳县位于鞍山-本溪矿区，铁矿储量达到 6 亿吨，是鞍山、本溪重要的铁矿基地；辽阳县依托周边老工业基地发展成了冶金（钢铁）大县，给鞍钢配套，承接钢铁产业转移，钢铁产业在工业中最高比重达 90%。矿产资源本底决定了辽阳县在未来相当长时间内仍将延续资源型产业主导的发展模式。

辽阳县农业发展以种植业为主。东部地区以林业生产为主，西部地区以粮食种植为主，区域性农产品基地发展较快。农产品以卖给收购商为主要销售途径，以本县为主，寒岭镇销往辽阳市区，穆家镇、八会镇销往鞍山市区，甜水镇、吉洞乡销往本溪，小北河镇、黄泥洼镇和柳壕镇等销往其他省市，黄泥洼镇蔬菜北菜南运基地初见成效。

辽阳县工业化也处于加速期。工业是带动经济增长的主要力量，是推进城镇化的经济基础。辽阳县是重要的铁矿基地，因此工业企业中以钢铁类型企业为主，并发展迅速。从 2003 年到 2013 年十年的时间里，辽阳县二产比重从 42% 提升到 74%；在 2013 年，GDP达到 277.6 亿元，产业结构为 9.3∶74∶16.7。但过量产能、重复建造，使得辽阳县的工业企业受到环境保护和去产能的双重压力。辽阳县如果想实现可持续的发展道路，产业结构调整、去产能成为转型的必然方向。

辽阳县的土地流转状况。辽阳县的土地流转面积比较大的区域主要集中在刘二堡、柳壕、黄泥洼、小北河和穆家等西部乡镇，流转形式 67% 为转包，23% 为出租。这些流转的土地 68% 流向种植大户，17% 流向亲朋，12% 流向企业，其中首山镇以流向企业为主，兴隆镇、刘二堡镇和下达河镇流向企业也较多；而西部乡镇以流向种植大户为主；东部乡镇则以流向亲朋为主，土地流转的范围还是以村内为主。

辽阳县土地征用和村庄搬迁基本状况。越邻近县城的土地，随着工业的快速发展被征用的越多，如开展新城镇建设的首山、兴隆和刘二堡镇，邻近鞍山市区的穆家镇，需要铁矿资源开采的寒岭镇，在土地被征用的过程中存在着一系列问题有待解决，如征地费、拆迁补偿费低，乡镇、区域（与鞍山）差异较大，农民没有失业保险，缺少再就业培训等。工业发展较好和具有矿产资源的乡镇迁村比例较高，其他乡镇计划迁村比例低。不规范的土地征用，使农民失地后利益得不到保障，对实现人的城镇化造成了极大的困难。

辽阳县的人口就业与收入来源。辽阳县人口就业是以农业为主，非农就业为辅。大部分乡镇从事农业种植和养殖的人口比例最高，达到70%；首山镇和刘二堡镇本地务工或经商的人口、外来人口比重接近50%。就业的方式决定了收入的来源以农业种植和养殖收入为主，而非农务工和经商收入成为重要补充；其中首山镇和兴隆镇的村庄基本都以非农务工和经商收入为主，其他乡镇部分工业发展较好的村庄以非农收入为主，例如刘二堡的前杜村。

辽阳县人口外出务工和购房状况。在辽阳县，到哪去外出务工是由区位因素决定的，县城及兴隆、刘二堡等周边地区的农民以县城和本乡镇为主；东部山区乡镇的农民以本乡镇为主，刘二堡、穆家两镇的农民前往鞍山务工的比例较高，小北河和黄泥洼两镇的农民前往辽阳市区务工的比例较高。是否能够外出购房，是由人的经济状况决定的。经济发展较好的乡镇的农民外出购房的比例高，在邻近县城购房的乡镇的农民比例高；而购房地区与外出打工地区基本保持一致，这也反映外出务工人员落地生根的需求。

辽阳县城镇化的发展带动了农村人口向城镇转移，农业人口向非农就业转移。辽阳县城是城镇化主要载体，但鞍山市区和辽阳市区对辽阳县邻近地区人口的吸引力较大；农村非农产业的发展带动非农就业人口比重上升，改善了农民收入结构，为城镇化奠定了基础。农业人口的减少和非农就业的增加，提高了农民的人均资源占有量（耕地和林地），为土地流转实现规模化经营创造了条件。非农产业发展较好的西部乡镇，土地流转面积和比重较高，农业产出同样较高；土地流转进一步提升了农业规模化、组织化和集约化水平，并加快了农业生产-加工-流通的产业链建设。辽阳县已初步呈现出城乡联动发展的趋势，为城乡统筹的城镇化发展奠定了一定的基础，但也面临很多关键问题亟待解决。

2. 辽阳县城镇化的主要特征

辽阳县已初步呈现出城乡联动发展的趋势，为城乡统筹的城镇化发展奠定了一定的基础，但也面临很多关键问题亟待解决。辽阳县城镇化呈现出如下的主要特征。

辽阳县城镇化的发展带动了农村人口向城镇的转移，农业人口向非农就业转移。辽阳县城是城镇化主要载体，但是因为其特殊的地理位置，鞍山市区和辽阳市区对辽阳县邻近地区人口的吸引力比较大。农村非农产业的发展带动非农就业人口比重上升，改善了农民收入结构，为城镇化奠定了进一步发展的基础。

辽阳县农业人口的减少，提高了农民的人均资源占有量（耕地和林地），为土地流转实现规模化经营创造了条件。非农产业发展较好的西部乡镇，土地流转面积和比重较高，农业产出同样较高；土地流转仍处于积极探索阶段，形式、方向、范围都受到较大局限。

辽阳县城镇化的主要动力来源于工业化，但工业化的产业结构限制了自身的发展，也使得城镇化的动力不足。辽阳县因为自身矿产资源丰富，传统的二产实力突出，并且资源型工业特征明显，可是这样的工业形式带动就业能力较弱，工业无法吸纳大量的农村人口，就无法促进农村人口向城镇的转移。并且最重要的是单一的资源型工业主导的产业结构，产业转型升级的压力大，使得辽阳县的经济发展面临极大的挑战。

二、　辽阳县城镇化发展的困境

辽阳县城镇化存在着一系列问题和矛盾，限制了城镇化的发展，目前加快发展仍是辽阳县第一要务，并且转变发展方式、走新型城镇化道路是核心。需要正视发展中存在的问题，加快中心城镇发展壮大和产业转型升级，实现由资源主导的"内生动力"转向区域融入的"外源动力"，整合统筹城乡要素资源，实现新型的城镇化。

1. 县域经济发展弱、规划统筹能力不强

辽阳县县域经济发展较弱，2012 年，辽阳县地区生产总值为236.8 亿元，在辽宁省排名第十七；地方财政一般预算收入全省排名第二十二，人均地区生产总值全省排名第二十三。县域经济主要依靠第二产业，第一产业特色农业化有待发展，服务业发展质量有待提高。

在这样的经济基础之上，辽阳县县城人口约 10 万人，建设面积16.2 平方公里，县城面积比较小，人口还少，具有典型的"小城市、大农村"特征，刚达小城市标准。辽阳县的村庄建设用地占生活用地比重超过了 50%，使得城镇的拓展空间受到限制，空间布局有待整合。县城的服务业发展滞后，公共服务设施用地仅占 4%，远低于一般县城标准（10% 左右），依靠辽阳市区和鞍山市区辐射，并且商业金融、医疗卫生、文化教育等现代服务业发展比较慢。

2. 产业结构单一、生态转型压力大

辽阳县的产业结构单一，资源本底雄厚造成了"一钢独大"的局面。2012 年钢铁产能 1200 余万吨，产量 620 万吨，产值 205 亿元，约占辽阳县工业总产值的 40%；形成刘二堡工业区和兴隆工业区两大钢铁产业基地。

这些钢铁企业形成的产业链条不够完整，原料、生产、销售一条龙的产业链条，呈现出中间强、两头弱的格局，作为一个钢铁产品产能千万吨的生产基地，全县尚未建立形成一个主业突出、配套齐全、功能完备的有形市场，也是一个薄弱环节；产业层次相对较低，产业规模较小、工艺装备落后、产品档次不高；龙头牵动作用不强，辽阳县钢铁产业链条虽然各个环节齐备，但总体上处于"小、散、低"状态，每个环节都缺乏龙头骨干企业，对整个产业牵动辐射作用不强；产品结构比较单一，主要是铁矿采选和建筑钢筋两大块，占全县钢铁产业总量的 90% 以上，其他诸如钢铁冶炼、板材加工、型材加工、机械加工规模比例很小，导致抗击风险能力不强，一旦有风吹草动，就会受到异常强烈的冲击。

同时，根据《国务院关于化解产能严重过剩矛盾的指导意见》、《辽阳县实施蓝天工程钢铁企业整治方案》和《辽阳县钢铁行业化解过剩产能实现脱困发展实施方案》，要淘汰企业百余家、淘汰落后产能达到 910 万吨。涉及财政收入大幅降低、职工安置、社会稳定、金融环境等诸多问题，使得辽阳县钢铁产业转型升级压力巨大，经济发展面临挑战。

产业发展的非生态化也带来了城镇居民生活环境的恶化，节能环保技术在传统城镇化的过程中虽然被使用，但遇到利益冲突时，总是被最先忽略。与实现宜居的新型城镇化目标差距较大，急需产业转型，发展绿色生态技术。

3. 城乡二元结构差别突出

辽阳县农村非农产业发展较慢，带动就业能力有待提升。传统的农业和林业生产不能解决大量新增就业问题，缺少有特色的农业产业，需要创新农业经营体制以促进农业的转型升级。2012 年，乡村从业人数为 208063 人。从事农林牧渔业的 117745 人，占 57% 左右；从事非农产业的 90318 人，大约占 43%。城乡收入差距比较大，2012 年城乡居民收入比为 3.2；东西部发展差距大，西部平原农民人均纯收入高于东部山区。城镇基础设施差距明显，城乡基础设施和公共服务资源配置具有随意性和盲目性，公共服务体系没有向农村覆盖，基础设施向农村延伸不足，如至 2015 年，公共行政服务中心和电子监察才延伸至部分乡镇。辽阳县规划建立公共服务大系统，包括教育、医疗、文体、商业金融、科技服务等，还要建立各类公共服务标准，预计每年需要投入约 2.5 亿元。给水工程基础设施、电力工程基础设施、燃气工程基础设施、排水工程基础设施、环卫工程基础设施、综合防灾基础设施都有待一体化。

信息技术、智能技术等先进技术城乡发展不平衡。信息技术在县城得到迅速发展，而在乡村，与城市相比则严重滞后。

三、 辽阳县新型城镇化的技术选择

辽阳县新型城镇化中的主要问题如县域经济发展弱、土地资源粗放利用，规划统筹能力不强；产业结构单一、生态转型压力大；城乡二元结构突出，乡村基础建设与城市差距大等，都需要技术的支撑来协调解决。辽阳县新型城镇化要解决的核心问题是实现城乡统筹社会发展、生态绿色、经济发展适度的目标。重点技术领域应当从技术角度对于解决这些矛盾和冲突起到关键作用，支撑新型城镇化的实现，促进城乡融合发展。

本书提出选择综合规划的技术、兼顾生态的绿色技术、兼顾经济发展的智能化技术作为辽阳县新型城镇化的重点技术领域，不仅出于对解决现实矛盾的支撑，还因为与辽阳县新型城镇化的发展水平相适宜。

首先，辽阳县新型城镇化需要先进的综合规划技术。辽阳县的城镇规划技术的理念和技术手段落后，这是基于国际背景来判断的。规划的理念是决定规划师们选择什么样的方法，遵循什么样的策略的关键。树立城乡一体化的规划思想，可从源头上解决以往片面追求城市化，忽略城乡协调发展的问题。先进的规划理念体现在公众参与规划，进而体现经济、社会、文化与生态价值统筹安排。

其次，辽阳县新型城镇化需要绿色生态技术。发展绿色生态技术是经济转型、产业结构调整的目标。同时，绿色技术还是解决传统城镇化带来的环境宜居问题的关键，可以实现城乡可持续发展的长期目标。

最后，随着现代信息科技的飞速发展，智能化技术在生活中应用成为一种趋势。智能化技术在新型城镇化建设过程中的运用可以有效地提高效率。特别是与规划技术、生态技术融合，成为最有效地提高乡村城镇化的技术手段。如利用大数据技术及 GPS 定位数据，对辽阳县城镇的空间规划做动态的判断，使乡村规划更具体、更全面。与生态技术融合，提高农村建设的生态技术的智能化水平，缩小与城市的差别。尽管目前辽阳县新型城镇化建设中，智能化技术的应用水平还比较低，城乡差别也很大，但这是技术发展的新趋势，也是中国新型城镇化发展弯道超车的技术路径，特别需要进行探索。

第二节 以综合规划技术统领新型城镇化的实践

人类在生存的过程中，为了实现一定的目标总会有某种计划，这种计划是有目的的、有准备的。个体也总是会选择一个有目的、有计划的生活过程。对于人类生存的空间——城镇，人们倾向于用规划的方式负责任地对其进行计划，以满足人类社会发展的各种要求。

一、辽阳县以往规划技术的得失

辽阳县在城镇发展的过程中一直坚持科学的规划发展，多次聘请了国内有实力、有水平的各种技术团队进行规划。辽阳县的上位规划要与辽阳市的总体规划相承接，并在规划中确立本县的县域发展地位，为辽阳县的建设、经济发展、环境质量和其他一系列问题作出科学的判断，为地方政府的决策提供可行的指导建议。多次规划的成果显著，但各支技术团队对规划技术的使用和处理各有得失，而规划的实施、执行及效果并非仅由规划技术决定，其与很多因素密切相关。

1. 两项规划的基本情况

辽阳县为了实现本县科学发展、经济进步，响应国家、省、市各级政府的要求，在不同时期进行了不同类别的规划。本书选取2012年辽宁省城乡建设规划设计院完成的《辽阳县城市总体规划（2012—2030）》（下文简称《城市总体规划》）和2014年中国城市发展研究院做的《辽阳县城乡统筹发展规划（2014—2030）》（下文简称《城乡统筹规划》）来研究辽阳县规划技术的得失。两次规划时间间隔较近，但承担规划的主体不同，并且各有针对性。

第一，规划目的不同。城市总体规划的规划目的是科学指导城市建设，促进辽阳县经济、社会与人口、资源和生态环境的统筹发展，协调辽阳县与辽阳市、鞍山市的区域一体化发展，努力把辽阳县建设成为创业环境优越、人居环境良好、综合竞争力强、城市特色鲜明的中等城市，辽宁省中部地区重要的山水宜居城市、文化教育城市、幸福创业城市。城乡统筹规划以发展和民生作为两条主线，是辽阳县统筹城乡发展的顶层设计，是战略性、综合性规划，为辽阳县域统筹城乡产业发展、空间布局、基础设施和公共服务设施建设提供依据，指导城乡布局规划。城乡统筹规划，全国都在积极探索，目前并没有成熟的模式。

第二，规划技术路线不同。城市总体规划的范围划分为两个层面，县域城镇体系规划的规划范围为辽阳县的行政区，县城规划区范围为首山镇（不含马家子村和响山子村）和兴隆镇。这样一来这个规划就分成了两大部分，在县域城镇体系规划时按照经济和社会、资源、环境、空间、城镇体系、农村居民点、交通、公共服务设施、市政基础设施这些角度来进行，而对县城规划区进行规划时按照城市性质、职能和规模、城市空间结构与用地、综合交通、绿地系统、市政工程、环境、防灾、旧城改造、建设控制、地下空间、空间发展顺序来进行规划。最后对规划的实施与保障进行了论述。而城乡统筹规划首先梳理统筹城乡发展的基础和难点，并提出发展的新机遇，在此基础上识别统筹城乡发展面临的关键问题，确定城乡统筹的发展目标和战略；然后制定支撑城乡一体化发展的产业转型、空间聚落、基础设施和公共服务四大体系；最后，制定行动计划和项目库，探索城乡统筹发展机制和政策创新。

第三，规划思维方法不同。城市总体规划的规划方法是将辽阳县总体规划分解成了两个层面的问题，即县域城镇体系及县城规划区，对两个层面的规划问题分别进行研究，然后再利用综合的方法统一成一个整体。而城乡统筹规划利用归纳与演绎的方法，先识别城乡统筹要面临的关键问题，确定发展目标，然后再根据目标制定城乡一体发展的四大体系，从归纳到演绎，不断补充和修正，最后制定行动计划。当然上文分析的是两个规划主要的思维方法，在进行规划的过程中如城乡统筹规划也会用到分析与综合的方法。

2. 规划技术得失反思

技术的得失问题可以通过技术在使用的过程中表现的状况及过后的技术作用效果进行判断，但最关键的是技术的适宜性决定了技术成功与否。

两种规划符合不同的外部环境。两种规划虽然只间隔了两年，但在这两年的时间里国家新型城镇化探索过程中理论不断发展调适。在 2012 年，城市总体规划符合当时的社会背景，把握城镇的发展未来，对城镇的相关事宜进行了预判和规定。而到了 2014 年，根据党的十八大报告，提出新型城镇化是"化人"的城镇化，要实现城乡的统筹发展，并且随后出台了《国家新型城镇化规划（2014—2020年）》。因此，辽阳县人民政府邀请中国城市发展研究院做了《辽阳县城乡统筹发展规划（2014—2030）》，这一做法可以说是与时俱进的。在不同时代背景下，不同的客观情况下，技术需要进行调整以实现成本最小、收益最大的结果。国家提出了城乡统筹为特征的新型城镇化目标，那么规划技术的发展变化就应该与这一外部环境的改变相对应。

规划技术需要形成体系支撑。有了科学的规划，关键的是如何有效落实及坚持。在实际操作中，因为政策调整、经济发展环境变化、人员更替及缺少相关的支持等原因，规划往往得不到有效执行和坚持。有学者结合中国各地区的城乡统筹实践，总结出了"六个一体化"要求，即城乡统筹规划有六个重点领域，分别为城乡空间发展一体化规划、城乡产业发展一体化规划、城乡生态环境保护一体化规划、城乡公共服务一体化规划、城乡基础设施一体化规划、城乡规划一体化[160]。这些技术在技术范畴内都属于硬技术，以上两种规划的实施情况及效果更加说明了需要软技术支撑实现硬技术。技术的实施是一个系统工程，需要推进机制、社会保障、制度保障、政策支持。规划地位的明确、规划实施的支撑、规划衔接紧密都是保证规划技术能够实现价值的基本条件。

二、 新型城镇化规划设计中的价值目标和设计思路

辽阳县的城镇化进程中存在的问题和矛盾，并不是单纯一个地区的问题，在总体上是与中国传统城镇化遗留的问题相一致的。但辽阳县的独特在于除了前文描述的城镇化基本状况之外，辽阳县的新型城镇化发展也具有自己的新机遇。辽宁的省会城市沈阳，离辽阳市只有几十公里，沈阳经济区也进入了快速发展期，作为沈阳经济区副城辽阳的重要组成部分，沈阳经济区一体化的加速推进必然为辽阳县的新型城镇化带来新的机遇。

1. 新型城镇化规划设计的价值目标

辽阳县的新型城镇化设计应该是基于本地具体情况及特点，以增加人民群众的幸福感、城乡协调为发展目标，走可持续发展之路的城镇化。

实现多层次主体的价值统一。"新型城镇化"是"化人"的城镇化，最根本的目标应是消除城乡差别，消灭城乡二元化，没有城

市农村的区别，人在农村也能安居乐业。通过生态规划的实施，解决对资源代际分配问题，使当代人与后代人的价值统一，个体与群体、农村人与城市人的利益的统一；让个体的居民和其他利益相关群体尽早参与到新型城镇化的规划中去，保证个体与群体利益的统一。

满足人民的美好生活需要。需要结合地区的独特地域文化，使居民的思维和生活方式的变化适应新型的城乡关系。完善基础设施和城乡公共服务设施建设，使城乡基础设施和公共服务均等化。强化农村地区公共服务设施建设，全面实现城乡公共服务均等化，健全城乡统筹机制建设。

人民的生活空间宜居。打造优异的生态环境，包括优质的城市空间，舒适的乡村环境（东部山区和西部平原），以及城乡生态安全格局。形成高效的城镇布局，构建合理的城乡聚落体系和交通体系，实现城乡空间环境由规模集聚向品质提升转变。

城镇的经济发展适度。形成完善的产业体系，因地制宜构建三次产业联动发展模式，完善城乡产业体系构建。发挥大型产业基地的龙头带动作用，加快乡镇示范产业园区建设，形成集聚程度较高、产业分工合理、设施配套完善的现代化产业发展体系。通过实现城乡要素的合理配置与有效流动，最终实现生态环境优美、经济活力强、城乡一体化发展的新格局。

辽阳县新型城镇化价值目标的实现需要分为两个阶段。第一个阶段为格局构建，在这一阶段主要目的就是加快城镇化进程，在中心城区扩容基础上，强化外围城镇增长点培育，引导城乡居民集聚发展，提升城镇化水平；通过产业引导、政策扶植等措施，推动城乡产业进一步向园区集中，推动新型工业化发展；通过积极扶持和推进农村涉农生态社区试点建设、农村涉农社区的智能化基础设施和公共服务均等化，促进农村地区发展。第二个阶段为统筹完善，在新型城乡格局形成基础上，进一步提升城镇化发展质量，完善农村社区建设，进一步提升城镇化水平。

2. 新型城镇化的规划设计思路

以辽阳县新型城镇化设计的价值目标为基础，以实现人的美好生活、生活空间宜居、经济发展适度为目标，辽阳新型城镇化的总体思路设计如下：以区域发展为核心实现区域融入，并与区域进行全面对接；提升中心城镇发展，同时壮大辽阳县东西部地区的实力；优化产业空间，实现城乡统筹发展。

区域融入，全面对接。紧抓区域一体化加速发展态势，依托独特的区位交通条件，实现与辽阳市、鞍山市城市在空间、产业、交通、生态等方面的全面对接，东部山区以水源涵养和生态保育为主，西部平原以建设区域农产品供给和物流基地为目标。承接沈阳经济区中心城市产业和服务功能的转移，融入区域产业链。积极发展装备制造、电子信息、新材料等战略性新兴产业，承接高端产业链延伸，借力集群优势，错位发展、弥补空白。

中心提升，两翼壮大。加快中心城区建设和产业发展，整合工业园区，通过产业转型升级和特色服务业的引入提升县城区域竞争力，完善中心城区城市文化、教育、金融、商贸、物流等服务职能；争取国家资金支持，促使优质资源高效利用。两翼指的是东部和西部地区，东翼寒岭镇和吉洞峪乡依托矿产资源适当发展深加工，其他乡镇以发展林果种植和旅游休闲为主；西翼主要推动土地规模化经营，发展都市农业、观光农业，发展农副产品加工、商贸物流，适当发展无污染工业。

空间集聚，城乡联动。优化县域的城镇村聚落体系和产业空间体系，引导人口和产业的合理空间配置；人口向城镇集聚，优化城镇村聚落体系；工业向园区集聚，优化产业体系布局。制定城乡基础设施和公共服务一体化发展标准，实现城乡资源要素的统筹配置。城乡联动，积极推进新型城镇化，加快农民市民化进程，推进户籍制度改革，加强基本公共服务均等化；发挥城乡之间的土地级差效益，实施土地增减挂钩、人地挂钩，盘活农村土地要素资源。

三、实现新型城镇化和谐价值的思考

在《辽阳县城乡统筹发展规划（2014—2030）》中，计划到2022年县域总人口达到60万，城镇化水平达到58%；2030年，县域总人口70万，城镇化水平达到70%；城乡统筹发展总目标为建设成为省级城乡统筹发展示范区、沈阳经济区城乡一体化专项改革先

导区。辽阳县人民在新型城镇化中实现社会生活和谐的目标应该包括如下几个方面。

1. 规划实现城乡发展平衡

新型城镇化"化人"的目标是要满足主体——农村人与城市人、个体与群体、当代人与后代人的价值目标。辽阳县目前按地域可以划分为一体两翼,一体指的是中心城区,两翼指的是东部山区及西部平原地区。一体两翼协调发展平衡是实现辽阳县人民生活和谐的基础。高效的城镇布局,合理的城乡聚落体系和交通体系,城乡基础设施和公共服务的均等化,这些基础条件的实现需要一系列新的针对不同区域的发展规划,并且这些目标的实现都需要一个过程。

中心城区(包括县城及刘二堡镇),需要在推动工业转型促发展的过程中加强三产的发展,那么中心城区的现代服务业的发展应以商贸物流、文化教育、医疗卫生、电子商务、金融服务为主,形成综合服务中心。

而两翼的发展及壮大应该依托各自的优势资源,强化特色发展,实现以一产加三产为主,二产为辅的发展模式,农业现代化、产业化,与中心城区形成现代服务业发展格局。东翼突出发展精品农业,形成林果业发展区,面向沈阳经济区市场,以优势种植、特色林果为重点,发展立体林业、榛子种植及食用菌、中草药材等品种的种植,提高深加工能力,打造农产品品牌;另外以山地旅游、沟域旅游、养老养生为主发展休闲旅游,如千山东侧下达河乡、八会镇、隆昌镇就可以发展养老养生、休闲度假,寒岭镇、河栏镇、甜水乡、吉洞峪乡可以发展沟域旅游。西部地区为平原地区,应加快特色有机农业及观光农业的发展;培育绿色无公害错季有机蔬菜、绿色大米种植及加工、花卉种植、观赏渔业养殖等;以发展农业观光休闲旅游为主,辅以生态景观农业、体验参与型农业、休闲度假农业。不同的镇发展的方向也有区别,如原来产业基础好的镇,黄泥洼镇和唐马寨镇就可以发展特色有机农业加上工业加工,并发展物流基地,延长产业链(生产、加工、储藏、运输、市场)。

2. 做好产业生态转型规划

人口向城镇的集聚,并非单纯的农村人口进城,就地就近城镇化也是实现人的城镇化的主要方式，并且人的社会生活的和谐需要满足人们物质生活、精神生活、可持续发展的需求，这两个方面都需以经济的可持续发展为基础和保障。辽阳县县域经济发展较弱，产业结构单一，资源本底雄厚又造成了"一钢独大"的局面。服务业整体发展缓慢，并且在经济中的比重不断下降，县城的现代服务职能发育也不足。辽阳县是农业大县，是辽河平原重要的商品粮基地和林业基地，产业化发展较快，但在产业结构中仍处于弱势。辽阳县外部的区域产业格局在发生快速变化，给辽阳县产业转型带来机遇。

在辽阳县新型城镇化发展中，做好产业转型的规划是实现人民生活和谐价值的基础。优厚的资源本底，经济发展重点的二产，决定了不可能完全抛开其进行产业转型，工业体系的重新构建成为必然，新型工业化是发展方向。坚持淘汰落后的钢铁产能，加强资源的整合；积极发展铁矿和菱镁矿的深加工；延伸钢铁产业链，积极引入以钢铁行业为基础的装备制造、汽车零部件、农机等下游产业，新上钢铁交易市场等上游产业。大力发展特色农业产业，实现农业现代化。依托不同地区的生态优势，打造绿色产品基地、休闲农业胜地；推进农业产业化经营，创新农业经营体制，塑造辽阳本地现代农业品牌；优化农业空间布局，依托哈大轴沿线城镇经济，发展精品农业；强化农业招商引资，提升农业产业化水平，强化龙头企业带动模式，实施品牌农业战略。大力发展现代服务业。承接区域一体发展带来的辐射，依托区位交通优势，承接区域中心城市服务职能转移，依托生态环境和特色农业优势，错位发展特色服务业。

3. 推进规划设计的民主化进程

从技术角度讲"合理规划"意味着"以一种合理的方式指导规划"，也就是说规划的过程是合理的、科学的，但结果并不一定，因为规划还需要兼顾其他因素，这是无数实践经验证明过的。一个机构编制的规划，如我们现在绝大多数国内规划机构所做的工作，难免局限于技术专家角度，忽略了规划的其他因素。如前文分析辽阳县的两次规划，从硬技术角度看是专业的、具体的，但最后的实施并不尽如人意，为什么会产生这样的问题呢？仅仅是因为人员更替及缺少相关的支持吗？是国家外部环境不断变化吗？我们通过研究，发现并非如此。规划本身是有政治背景的，如果忽视了规划的政治因素及规划合理性的局限，规划的实施与执行必然要遇到问题。因此，从技术角度来讲，建立软技术与硬技术相结合的综合城镇化技术体系，是解决这一问题的必要方法。

规划的实践活动中，许多群体的出现是不恰当的。怎样兼顾个体与群体的利益，需要他们都参与到规划中来，即公众参与城市规划，公众怎样参与需要制定相应的策略、流程和方法，这是软技术的一种表现形式。前文研究的辽阳县两次规划，都是以技术专家为主，地方政府部门辅助，缺少当地公众的参与。技术专家团队代表的是技术角度的专业分析、判断，地方政府代表的是一个群体的利益，作为规划要服务的对象——辽阳县个体的民众，他们的利益与价值需求没有得到充分表达与倾听，这样做出的规划难免失于偏颇，并忽视了个体的利益。规划师不仅是技术专家，还是沟通者，也需要直面政治事务，甚至成为政治活动家。

第三节 以绿色技术促进新型城镇化的生态建设

优质的城市空间、舒适的乡村环境（东部山区和西部平原），以及城乡生态安全格局，是辽阳县 2014—2030 年城乡统筹规划的生态发展目标。优良的生态环境、以绿色发展为目标也是新型城镇化生活空间宜居、人与自然和谐发展的必然方向。环境保护、人类的宜居生活空间、经济发展三者之间存在着一定的矛盾，处理好环境、社会、经济之间的关系，还需要绿色技术的支持。

一、 辽阳县生态环境问题分析

辽阳县东部是山区，以林地为主，西部是平原，以城镇和耕地为主。当地资源丰富，尤其是铁镁矿产资源，因此当地政府和人民把县域经济的重点放在了重工业企业发展上，事实上这样的决策既为当地的经济发展带来了极大的推动，也为当地的生态环境带来了极大的隐患，优良的生态本底被忽视，重工业企业带来严重的环境污染。

1. 优良的生态本底被忽视

辽阳县的植被资源尤其是森林资源分布广，呈现不同的森林植被景观，为开发生态旅游提供了良好的基础条件。辽阳县地处辽东低山丘陵与辽河平原的过渡地带，层状地貌典型，分布规律，分区规整。辽阳市山岳资源丰富，境内有大小山峰166座，其中坐落于辽阳县境内的126座，太子河区与辽阳县的界山是被称为千山之首的首山；辽阳县境内有通明山、摩天岭，以及海拔1181米的辽阳最高峰大黑山。辽阳的植被因地貌成因、气候类型诸因素，形成东西不同的植被类型。根据其分布和种类组成分为三类：东部低山丘陵落叶阔叶林和针、阔混交林；人工林；山间谷地及草丛。境内植物现总共有854种。核伙沟自然风景区、龙峰山风景区等，植被覆盖率高，旅游开发具有优越的自然条件基础。但辽阳县目前的植被资源并没有得到系统的开发及规划，整个县并没有根据不同地区的自然资源环境特征形成创造性开发，形成旅游产业是发展的正确方向选择。

辽阳县的森林覆盖率为48.2%，这一水平高于辽阳市和辽宁省（40%），也高于鞍山市（46.4%）。辽阳县境内山地面积广，植被覆盖率相对较高，树种丰富。现有林业用地面积197万亩，气候条件和地理条件非常适合林业产业发展，是发展林业产业的黄金地带。辽阳县的东部地区是山区，经济发展在全县处于劣势，林地资源虽丰富，但是林业产值远低于西部种植业产值，林业优势对经济的带动作用并未充分得到发挥。如果能够大力发展林下经济高效产业，加快林下经济建设和产业结构调整步伐，东部地区的人民社会生活就有了发展的保证。

2. 产业结构单一是造成环境问题的主要原因

辽阳县生态资源本底良好，但在传统城镇化的过程中，辽阳县的支撑产业以钢铁企业为主。辽阳县钢铁产业的发展，在时间上可以追溯到20世纪80年代，借助毗邻鞍钢和本钢的区位优势、蕴藏丰富矿产的资源优势，从小轧钢、小铸钢开始不断发展壮大，已形成采、选、炼、铸、轧一条龙的产业链条，逐步成为县域经济发展的支柱产业。而农业与服务业发展相对较慢，一、二、三产业结构比为 9.3∶74∶16.7，真正是"一钢独大"，成为带动县域经济增长的主要力量，是推进辽阳县城镇化的经济基础。并且矿产资源本底决定了辽阳县在未来相当长时间内仍将延续资源型产业主导的发展模式。

辽阳县钢铁企业很多规模较小，采用的生产工艺又普遍落后，属于国家产业政策淘汰类行业，高能耗、高污染问题突出。钢铁企业粉尘的产生和排放、二氧化碳的排放、氧化硫气体的排放，是造成大气污染、水污染、土壤污染的主要因素。辽阳县矿区因过去随意开采，采空区大量存在。资源的浪费、环境的污染既是辽阳县经济发展的代价，也是其未来发展的阻力。在辽阳县这样的基本情况下环境保护与经济发展的矛盾显得尤为突出。辽阳县政府已经意识到环境保护问题的严重性，在 2013 年专门下发了《辽阳县蓝天工程实施方案》和《2013 年淘汰钢铁产业落后产能工作实施方案》，并与市政府签订蓝天工程目标责任书，明确辽阳县将完成脱硫、除尘治理、淘汰落后产能等 6 项工作任务。但既要淘汰落后产能，又想保持经济发展，怎样处理两者之间的平衡是个问题，并且生态修复工作、生态保育工作都需要有规划地长期进行下去。

二、 辽阳县新型城镇化必然秉持绿色发展理念

绿色发展理念是党的十八届五中全会提出的五大发展理念之一，绿色发展理念的内在要求是，新型城镇化的发展应该实现人与自然环境、城市、生活空间的协调、可持续发展。辽阳县的传统城镇化过程中，产业结构单一造成环境的污染，是新型城镇化环境发展、经济发展必须要解决的问题。

1. 辽阳县新型城镇化绿色发展理念

人与自然环境的平衡，是确定生态价值的主要因素之一，需要建立在可持续发展理念的基础之上。

实现自然环境的绿色发展。自然环境的绿色发展，包括评价绿化覆盖面积、乡土树种所占比例、景观可达性等具体指标的实现情况，保护景观并可持续地利用周边景观，将其作为社会和经济的基础；保护自然系统、栖息地、物种多样性，使空气交换系统达到最佳生物气候条件，科学管理土壤和地下水系统；等等。

实现城镇及乡村的绿色发展。以绿色交通体系、完善的绿地系统、实现废弃物减量、回收和循环利用系统、绿色的基础设施、绿色节能建筑等为手段，实现有可持续生活方式、城镇与乡村形态紧凑、生物气候舒适、具有文化特质及社会多样性的城镇和乡村。

实现生活空间的绿色发展。以绿色建筑为手段，采用如下的原则作为绿色建筑指导原则：重视资源保护，既节约又高效地利用资源，采用节能、节水技术，使用低能耗材料进行紧凑型建设；重视回收利用，回收废物制造商品，用废料建造房屋，利用天然材料发明可循环材料；善于利用可再生资源，如风能、太阳能等，通过所采用的技术建造绿色建筑；在建造绿色建筑的过程中，促进环境的修复和可持续性的资源管理。

2. 辽阳县绿色发展的具体方向

建构城乡生态安全格局。生态格局划分成四个区，分别为城镇集中建设区、生态农业示范区、水源涵养和生态保育区、矿山生态修复区。以千山山脉为天然屏障，以水系和铁路为生态防护绿带；发展风景名胜区、自然保护区。设立城乡空间管制区域。将自然保护区、风景名胜区、水源一级保护区、基本农田、林地、高压走廊、矿区、采空区、地质灾害频发区设立为禁建区，将水源二级保护区和一般农田设为限建区，现状建成区、城镇村拓展地区为适建区。

加强自然景观生态修复。在城镇化过程中，加快处于地质灾害高发区村庄的生态移民；有序开发矿产资源，加强生态修复；村庄要划分为不同的发展类别，其中位于水源一级保护区，位于国家、省级风景名胜区特级保护区，以及自然保护区核心区和缓冲区的居民向镇区和中心村迁并，发展方式以保护生态资源为首。位于矿区、采空区和生态修复区的村庄也要向镇区和中心村迁并。而位于水源二级保护区，或是位于国家、省级风景名胜区一级、二级保护区，或是在自然保护区实验区的村庄，要以生态保护为主。

城乡基础设施建设生态化。加快辽阳县城文化中心、体育中心、首山公园等城市名片建设，实施城市亮化和绿化工程，打造城市中心形象；加快城市水系整治、拓宽城市主要道路；加快完善城市公共服务体系；加快县城污染型工业向外搬迁；争取国家资金的支持，加快棚户区改造；改善农村环境，完善农村给水、排水、垃圾收集处理等基础设施建设，提升农村抵御洪灾、山体滑坡等自然灾害的能力。

三、 以绿色技术化解生态价值与经济价值的矛盾

2013 年，习近平总书记在海南考察时说：良好生态环境是最公平的公共产品，是最普惠的民生福祉，绿水青山就是金山银山。生态价值的实现一定是以牺牲经济价值为代价吗？绿色技术的发展及在新型城镇化中的应用，是化解生态价值与经济价值矛盾的可行有效的方式。

1. 发展环境治理技术调整产业结构

辽阳县基于目前的生态状况及经济发展状况，应将环境保护作为实现新型城镇化生态价值的重要指标，减少大气污染、注重可持续发展，环境的治理与保护并行是辽阳县生态发展的首要任务。

辽阳县自实施"青山、碧水、蓝天"工程以来，生态环境保护取得了一定的成效。淘汰落后产能和工艺装备，调整产业结构，转变经济发展方式是前提；加强环境监管体系建设，全面提升大气污染防治能力和水平是保障；优化能源结构，发展清洁能源，实施"绿色交通"工程，强化机动车污染防治，实施有机废气污染控制工程是必要的保障措施。加快处于地质灾害高发区村庄的生态移民；加强自然保护区、风景名胜区等生态敏感区保护，加强水源保护、林地保护、水土保持；有序开发矿产资源，加强生态修复，提升对山区村民的反哺，加强沿河、沿主要交通干线的生态廊道建设。提高造林面积，提高绿化村屯的数量。全面落实河长制，持续改善河道生态环境。全面开展水污染整治，确保全县河流水质达到省级以上考核标准。全力抓好秸秆禁烧和森林防火，推进秸秆综合利用项目落地，完成大气污染防治任务。

2. 探索绿色技术的推广与使用

本书探索的绿色技术系统是由绿色建筑技术、清洁空气技术、绿色道路技术、垃圾回收技术等形成的一个整体生态技术系统。生态价值的赋予具体可归纳为节能、节水、无害化。

使用节能技术降低不可再生的材料、能源的使用并减少环境的

污染。近年来地热能、太阳能、潮汐能和风能等再生资源技术被引入，光伏建筑一体化、建筑能量再循环、区域供热等技术被用来进行能源管理。可以选择合适的地点，如小北河镇建风力发电站，实现清洁能源的供给。光伏发电技术已经可以应用于交通系统，2017年底在山东济南承载光伏路面的高速公路已经投入运营，这虽然只是一种尝试和探索，但是为节能技术在城镇化领域中的拓展进行了有益的实践[161]。可以在辽阳县城乡交通一体化的过程中，尝试引进资本，利用光伏技术等先进节能技术。目前，辽阳县已在寒岭镇和甜水乡建设了两个光伏发电项目。

使用节水技术，节约水资源，保持生态环境的自然循环和平衡。采用生态贮渗设施技术、雨水处理技术、废水收集与再利用技术，对辽阳的给水工程基础设施进行改造和规划。划分不同的供水区域，以太子河和大伙房水库为西部平原区供水，以汤河水库、蓑窝水库和山泉地下水为东部山区供水；在主城区以扩建现有给水厂、完善城区给水系统、完善污水收集系统为主要目标。

使用无害化技术既要顾及人的健康又考虑生态环境影响的后果。如清洁空气技术和垃圾回收技术，将清洁空气技术与绿色建筑技术相配套，对新建建筑和既有建筑进行技术的使用或改造；垃圾的收集与处理实现无害化，特别是村庄的垃圾处理，除了以焚烧为主要方式外，还要尽可能地应用垃圾回收技术，绿色建筑技术中无污染原材料需要垃圾回收技术加以配套生产。

第四节　以智能化技术促进新型城镇化的创新发展

中共中央办公厅、国务院办公厅印发的《2006—2020年国家信息化发展战略》将信息化定义为"充分利用信息技术，开发利用信息资源，促进信息交流和知识共享，提高经济增长质量，推动经济社会发展转型的历史进程"。信息技术及其产业对传统工业产业的改造和升级具有重要意义，并且在城镇化的发展过程中与规划技术、绿色技术的融合会为城镇化的发展带来新的机遇。

一、辽阳县信息化建设的现状和问题分析

在辽阳县的城镇化之路上，县域经济薄弱，二产突出，一产与

三产薄弱，二产又以传统钢铁企业、制造业为主，信息技术在工业企业中的应用基本处于从零起步的状态。城镇内部的网络化、一体化表现并不集中，也缺少关联度。但自 2013 年起，地方政府在新型城镇化的推动下将产业转型提上了日程，一批智能制造企业、信息技术企业纷纷被引入，城镇化中也逐渐应用了信息技术进行智慧管理，辽阳县信息化建设开始了新的历史。

1. 辽阳县信息化建设的现状

辽阳县在新型城镇化的推动下，以信息技术助力产业转型，同时在城镇管理中也加大了信息技术的应用，不断推进城镇管理的智慧化。

应用信息技术助力产业转型。辽阳县在新型城镇化的进程中面临着产业转型、绿色发展的巨大压力，一方面经济发展离不开传统钢铁企业，另一方面绿色发展、可持续发展需要单一产业结构的转型。因此，在地方政府的引导下，辽阳县的传统制造业开始向高端智能制造业转型，同时加大力度引进和发展信息技术企业。仅 2017 年，围绕装备制造、电子信息等重点产业，辽阳县政府就组织开展主题招商活动 16 次，使得新风高压共轨配套等 7 个重点项目签约落地。随着信息技术与传统制造业的融合，逐渐帮助其向智能制造企业转变。县内企业三三工业、新风科技、宏昌重工等重点企业产值大幅增长，使得智能装备制造业在县内工业中所占比重不断提高。其中三三工业与中国一重等 4 家央企全面达成战略合作，复合式土压平衡盾构机获省企业重大研发成果奖。辽鞍机械履带板压淬热处理自动生产线智能制造、辽宁中车轨道交通装备二期等一批重点项目陆续建成投产。在人才引进方面，成功引进千人计划人才郑小清博士，建成天一航空发动机密封件项目检测中心；新风科技柴油高压共轨列入省工业强基重点项目；一汽普雷特公司变速箱总成、ADI 桥齿轮等一批重点项目全面开工建设。同时，电子信息产业也在蓬勃发展，辽铜集团 QY 紫铜、泽华电子农业智能控制等一批重点项目全面投产。到 2017 年底，辽阳县智能装备制造、电子信息产业增加值占比达到 39%，新兴产业项目共获得省直投资金 1.17 亿元。

运用信息技术在城镇化中推进社会管理、基层设施建设的智慧化。辽阳县在提升政务信息化水平方面取得一定成绩。县政府成立了县调研信息中心，整合县政府门户网站，将县政府网站由县新闻宣传中心管理调整由县政府办公室管理，并聘请江苏国泰新点软件公司，建成集信息公开、网上办理、便民服务、电子监察于一体的网上审批平台，实现网上审批和智慧型政务服务大厅。目前，辽阳县正在研究整合国地税智能办税平台，推进国地税合署办公，实现国地税信息资源共享。并且努力提升社会治安管理信息化水平，启动"天眼工程"三期项目建设，已建成高清视频监控点位313个，在建100个，已建成车轨系统18处，在建5处，已建成电子围栏系统15处，在建5处。同时，加快了信息基层设施建设，助力民生工作智慧化。一方面实施智慧就业工程，全县15家乡镇实现网上就业平台全覆盖，实现了招工信息网上发布、劳动技能网上培训。另一方面，实施智慧医疗工程，县中心医院已实现预约挂号、在线咨询、智能导诊、智能候诊、患者移动设备端（手机、平板电脑等）检查报告查看等；县监控中心建成全县儿童免疫信息网络平台，全县199个村实现了适龄儿童常规化免疫网络化管理全覆盖。同时实施教育信息化工程，完成标准化考点建设，实现国家教育系统考试考点监控系统全覆盖，保障中、高考的顺利实施。完成102所学校接入互联网工作，实现全县中小学互联网全覆盖。

2. 存在的问题分析

辽阳县的信息化是在城镇化的需求下、地方政府的大力引导下积极推进的，将产业转型设定为依靠工业本底，既淘汰落后产能，又在此基础上进行。因此就有了信息技术助力的传统制造业发展，引进高精尖铸造、新能源汽车企业。另一方面信息产业链条的打造需要上游产业，因此就以辽铜为基础，建立了电子信息产业集群，生产电子信息产品（机器人、太空舱）。但是这场以地方政府为主导的信息化大战，却因为多方因素存在着各种问题，直接影响着当地信息化的发展，并对新型城镇化的推进具有较大的负面因素。

首先，智能制造企业集中度低，没有形成强大的产业链。辽阳县的装备制造业经过多年的发展，培育了新风科技、三三工业等骨干企业，但是没有形成一个核心企业带动周围配套企业的产业群。企业间产品关联度小、生产衔接程度低，没有形成专业化的行业特色，大企业大而不强，小企业小而不专。

其次，智能技术人才不足，缺乏高精尖人才。多年以来，由于辽阳的城市规模及经济总量和大城市有一定的差距，所以在人才引进上存在先天的不足，一些高精尖人才不愿到县域企业就业，辽阳本地培养出的高材生毕业后极少回辽阳就业，本地职业教育培养的技术工人在质量和数量方面均不能满足发展需求。

再次，电子信息产业发展形势严峻。现有的信息技术上游企业，因不掌握有竞争力的技术等原因，企业本身生产经营受到严重影响，上下游客户订单逐渐减少，人才流失，企业处境困难。同时，围绕其产品引进的几家下游电子信息企业，受制于产业链条不完备，对扩大再生产持观望态度，进一步招商引资难度加大，辽阳县重点打造的电子信息产业集群遇到了发展的瓶颈。

最后，信息化与城镇化的融合还处于初期水平。城镇化中，信息技术在社会管理、基层设施建设方面的应用，总体上还处于"一事一办，各不相关"的状态。整个城镇的信息技术应用并没有形成一个系统，城镇的功能并没有得到整合。城镇规划、建筑设计、城镇产业、就业结构、城镇居民素质、城镇基础设施、城市管理、社会服务等都需要信息化的提升，从而实现信息城镇化。并且城市与乡村的信息化并不同步，辽阳县乡村各方面的信息化与中心城镇相比又落后一大步，这些都是辽阳县新型城镇化目标实现的阻碍。

二、 辽阳县新型城镇化对智能化技术的需求

就目前辽阳县信息化的基本状况，信息技术在改造传统产业、提升产业的技术状态和管理水平及实现产业转型，促进城市管理及服务方面发挥了一定的作用，但同时也存在着一定的问题。并且信息技术在城镇规划与设计、城市生活空间、绿色环境、经济发展等多个方面的融合还远远无法满足新型城镇化的需求，因此解决原有问题，并进一步实现与新型工业化、城镇化、农业现代化、绿色化的融合发展，对信息技术的需求存在着很大的空间。

1. 城乡经济与社会的发展需要智能化技术

新型城镇智能化是信息技术演进的方向，辽阳县在城镇化、信息化发展及融合的过程中，遇到了很多的问题。本书将物联网、云计算、大数据为代表的新一代信息技术及人工智能技术作为中国城镇化智能化技术的主体。

用物联网技术统筹物质资源。在前文分析过，辽阳县的产业结构调整，必须基于传统制造业的优势，一方面建立以钢铁企业为基础的下游智能制造产业，另一方面打造与钢铁企业相衔接的上游电子信息产业集群。结果是智能制造企业集中度低，没有形成强大的产业链；电子信息产业力量单一，一个环节出现问题就面临产业链断裂。在沈阳经济区内如果能将以用户体验为核心的创新 2.0 物联网技术应用到物品和物品之间的信息交换和通信，不仅把城乡物质资源统筹起来，还能实现与辽阳县外部各经济区的物物相连，帮助企业了解生产资料和货源，及时获得满足发展需求的信息，解决电子信息产业原材料的调配问题，为高端制造业的发展提供新的空间。

用大数据技术、慕课技术解决人才缺乏及发展困境。辽阳县目前的人才不足，缺乏高精尖人才状况与东北整个发展状况是分不开的。东北三省的人才外流已经成为一个大问题，而辽阳县的城市规模及经济总量和大城市又有一定的差距，所以辽阳县县域企业在人才引进上存在更大的困难，本地职业教育培养的技术工人，在质量和数量方面均不能满足发展需求。大规模开放的在线课程——慕课，对于教育资源匮乏的地区是一种优质教学资源的有效获得方式，本地人才的培养和提高有了更便捷的途径。同时大数据技术可以在辽阳县企业发展过程中，提供省内、国内甚至世界范围内的所需要的基础数据，为企业发展搭建技术基础平台。

用智能化技术加深与城镇化的融合。辽阳县城镇和乡村的信息化发展还处于初级阶段，利用信息技术如卫星定位技术、GSM/GPRS/CDMA 移动通信技术、GIS 地理信息技术等，可以在城镇化的过程中，帮助辽阳县掌握准确和动态的土地信息、交通信息、人流信息、生态信息等。在城镇的建筑规划发展和个体的工作和生活中，人工智能技术与建筑、家居、服务、交通等的结合，对辽阳县实现社会生活和谐、空间宜居具有重要的推动作用。

2. 城乡基础设施需要智能化技术

新型城镇化的发展目标是实现城乡统筹，消灭城乡二元化。随着国家新型城镇化思路的推进，辽阳县也做了宜居乡村建设的计划，特色乡镇、特色小镇、美丽乡村、传统村落建设在辽阳县统筹推进、融合发展。城市的发展与乡村的建设同步进行是中国当前城镇化的最新要求。

辽阳县城乡基础设施的配置还存在随意性、盲目性，分级设置配置标准是城乡基础设施一体化的内在要求。应用 GPS 定位系统将城乡的建筑物实时连接，通过成千上万个覆盖地面、栅栏和低空探测的传感节点，防止要害部门被入侵。把感应器嵌入和装备到电网、公路、建筑、供水系统、油气管道等各种物体中，实现对水源涵养区、生态农业示范区、自然保护区、风景名胜区的灾害监测和应急管理。智能化技术还可以应用到辽阳县城乡公共服务体系中，社会保障、就业服务、基础教育、医疗卫生、市政设施、公共文化等职能和服务资源都可以通过信息技术实现共享和业务协同进而实现整合。

智能化是宜居乡村的固有要求。辽阳县的特色小镇，目标是应用现代信息传输技术、网络技术和信息集成技术，实现数字化管理全覆盖，发挥信息产业技术在经济发展、社会管理、服务民生方面的重要作用，提升智慧经济、智慧民生、智慧管理等方面建设，推动科技创新、制度创新，推进产业融合、区域协调发展，实现经济增长动力从要素驱动转向创新驱动，形成具有辽阳特色的智慧经济发展模式。因此，信息技术在基础设施和公共服务方面的应用，可以满足宜居乡村的固有需求。

三、 辽阳县智能化技术的跨越式发展展望

辽阳县政府制定的未来发展工作计划中的重要一条就是培育壮大智能制造业。在全面落实《中国制造 2025 辽阳行动纲要》的基础上，坚持园区化承载、集群化发展的思路，依托向阳工业园区、兴隆工业集中区智能产业基础，围绕智能装备、智能生产、智能产品、智能服务等重点领域，以研发工程机械、电动新能源交通工具、数

控机床等产品为主攻方向，培育壮大骨干企业，全面提升工业智能化水平。智能技术需要从哪些方面发展以实现辽阳县的需求呢？

1. 辽阳县新型城镇化的智能化技术发展方向

智能化的最高境界是智能一切可以智能的东西，这也是智能化技术在新型城镇化发展中的必然目标。但根据辽阳县城镇化、工业化、信息化、绿色化、农业现代化发展的现状，以现有情状为基础是辽阳县智能化技术发展的直接需求。

工业智能化技术是实现辽阳县经济发展突破的关键力量。工业生产过程中，工业机器人加上互联网的使用会使得先进的、智能化程度高的机械设备实现人机信息交流，变得更加便捷。通过计算机数据处理技术为人机交互提供接口，而计算机的数据化、可视化、自动化也为操作人员提供了足够的信息。而纳米技术的飞速发展，也极大地推动了机械制造智能化的飞速发展，它与超精密加工技术的结合将成为未来机械制造的核心技术，也将大大提高机械制造的智能化水平[162]。随着人工智能技术的发展，机器人将能模仿人的行为，实现对生产制造过程的动态控制。这使技术创新能力低的辽阳县高端制造业企业的发展产生前所未有的突破。

智能化技术与城镇建设、规划、管理、服务相融合，是实现辽阳县人民生活美好的重要推力。前文分析过辽阳县已有规划技术的得失，其中智能化技术的欠缺就是一个主要的方面。目前中国对规划技术与智能化技术的结合应用于城镇化建设中，已有一定的经验。新兴的航空遥感技术中的无人机航拍摄影测量技术，在城市规划中的运用越来越受到重视，其在规划管理、规划编制、遗产保护、园林绿化方面都发挥了重要的作用[163]。辽阳县可以将类似的智能化技术应用在城市规划等领域，使城市规划更加高效、合理、科学。

绿色技术智能化，是实现辽阳县生态绿色发展的保证。建筑智能化是运用智能化手段进行节能的重要方法，光伏发电的相关智能化技术就充分利用了智能化手段。光伏发电有一种跟踪方式，就是利用 CCD 图像跟踪，太阳光在成像机构接收屏上投影形成光斑，接收屏的图像传感器采集接收屏上的图像，并进行光电转换、放大和 A/D 转换等处理，最后输出确定太阳位置的数字图像信号[164]。当然，节能技术的采用需要结合当地的特点，在辽阳县的东部山区就比较适合采用风力发电技术来实现节能。

2. 智能化技术的实现需要政府的大力支持

技术创新决定了智能化技术发展的必然性，而智能化技术的实现需要政府的支持及配套，并帮助解决一系列相关问题，辽阳县政府应该基于现有的工作基础及存在的问题，在如下几个方面做好支持工作。

加大政策支持，拓宽融资渠道。县财政列支支持企业发展专项基金，进入辽阳县财政预算的盘子，用财政的少量资金带动民营资本的投入，用于支持工业经济发展。突出对新引进项目、技改项目、壮大规模、特色产业集聚等方面的奖励扶持。用足用好国家和省市支持工业企业的各类财政专项资金，积极争取国家和省市对重点项目及技术改造、智能装备制造、电子信息、中小科技型企业发展项目等专项资金支持，促进企业加快发展。

深入实施创新发展战略。举全县之力建设"首山经济开发区"，加大基础设施建设，引进科技型企业，突出抓好航空密封件、超大型盾构机、新能源汽车零部件等重点产品研发，着力打造成为省级高新区、创新基地。提升企业的自主创新能力，拓展上下游产业链，推进"零件"产品做强做精、"部件"产品系列化生产，最终把辽阳县建设成更富创新活力的智能装备制造业强县。

搭建交流平台，引进高端人才。紧紧围绕科技兴企、人才强基战略，继续扩大同东北大学、大连理工大学等高校科研中心，中国冶金规划研究院、中钢协等权威机构的合作共谋，积极引入先进研究成果，引导企业技术革新。牢固树立"人才是第一资源"的理念，扎实做好人才引进培养工作，培养辽阳县自己的技术型人才，为辽阳县智能装备制造业强县发展奠定基础。

进一步优化营商环境。持之以恒开展优化营商环境建设活动，贯彻落实优化营商环境"八个凡是"要求，统一思想，坚定信念，完善运行机制，强化服务企业能力，全力打造既"亲"又"清"的政商关系，提高政府的服务质量，为项目建设和企业发展提供强有力的软环境保障。

第五节 新型城镇化重点技术领域发展的对策建议

本书根据对新型城镇化新特征进行的研究，建构了新的价值评价标准。基于价值评价标准对新型城镇化的技术进行了选择。那么，根据理论阐释和辽阳县的案例分析，以建构的价值评价标准为指标，中国新型城镇化发展之路应如何通过顶层设计，整体规划、具体前行呢？

一、 加强规划设计的民主化进程

城市规划在规划的过程中会受到来自规划师以外的多种力量的影响，这些力量是不能被忽视的，这是现实。很多规划失败的症结就在于此，因此规划师必须决定如何处理这些反馈。而反馈的最基本的方式就是公众的参与，公众参与是指具有共同利益、兴趣的社会群体对政府涉及公共事务的决策的介入，或者提出建议的活动，从而体现经济、社会、文化与生态价值统筹安排。

如城镇化进程中的土地资源日渐短缺，邻避基础设施（指对周边居住环境有可能产生较大影响的基础设施）就存在着与周边相容性差的问题；如果在规划中，信息公平、公正、公开，让公众参与到邻避基础设施的建设规划中来，既可以减少邻避基础设施与公众的矛盾，又可推进建设资源节约型、环境友好型的城市[165]。国外的规划设计早已开始重视公众参与，公众参与到规划过程中来，让他们在决策中发出自己的声音，这是民主化决策和规划的基本特征，是成功实施一个项目所必不可少的环节[145]。

公众参与规划设计这种技术民主化方式的益处主要体现在使政府的工作更加主动，因为公众参与规划设计决策的过程，能够帮助城乡政府得到更适当的结论。有助于政府转换角色，承担应承担的职能，对促进政府行政职能科学化具有意义。设计民主化重建了行政伦理：民众纳税，有参与权、有知情权；政府收税，有告知义务。设计民主化调整了设计者与使用者之间合理的伦理关系。让使用者参与设计，给了使用者一种拥有感。使用者参与设计，使用者的价值和尊严得到了肯定，被剥夺的责任感找了回来。

二、 以软技术促进技术产业化的技术扩散

第一，需要制定技术标准和政策法规促进技术发展。随着中国城镇化快速发展，一些新技术，如装配式建筑，符合绿色、低碳发展理念，成为新型城镇化发展的重要抓手。但其快速发展中的技术、成本、监管等瓶颈问题仍亟待解决。解决途径之一就是通过立法的强制性淘汰落后生产方式，建立绿色城镇化技术的标准和促进城镇化集成技术的法规。标准、规定就是法律文件，必须不折不扣地执行。另外，通过试点工程，探索具有一定经济可行性的解决方案，如南京市在新建居住小区中积极开展试点示范工程，积极推进城市空间复合利用、绿色建筑、可再生能源、绿色建材、新型结构体系、全装修、绿色交通、综合管廊、垃圾资源化等新技术，积累经验，逐步推广[166]。

第二，以税收政策调节促进绿色技术扩散。西方发达国家善于利用税收调节的方式来促进绿色技术的推广。美国对于新建的绿色节能建筑实行减税政策，在原定建筑节能的标准之上能够再节能30%以上的新建建筑，能够得到每套 1000 美元的减免税款，能够达到节能50%以上的新建建筑则可每套减税 2000 美元；英国对于居民使用化石燃料征收 2.2%的税额；法国为节能建筑技术相关方面的研究提供经费支持，并为节能设备的安装提供税款减免；德国对于使用高效能的设施提供低息贷款，对于节能型的设施或者其他设备减免消费税。

中国也正在积极利用财政补贴的方式促进建筑节能的相关工作，正在逐渐建立和完善与节能建筑相关的税收政策，还有与之相关的认证体制和验收标准。但中国现在地方财政补贴明显不足，与发达国家的水平还相距甚远。

三、 技术的推广应用需要政府统筹与市场化运作结合

政府投入的资金应更多用于见效慢的项目，以应对市场的选择，同时利用外债资金期限长、利率低的特点，积极争取外债资金。由于绿色基础设施技术的成本有时要高于普通传统技术，虽然在未来节约下来的能源成本会填补成本甚至会存在收益，但是回收时间长、

利益不确定性使得市场对于节能技术望而却步。绿色城镇化是实现绿色、低碳和可持续发展的重要举措，是新型城镇化必须达到的目标，但是并非只有政府资金投入一条途径，如唐山市积极争取外国政府贷款和亚行贷款，用于城镇污水处理厂建设等方面，也是一个很好的选择[167]。

政府出资引导企业向科研院所、高校及科技服务机构购买城镇化新技术，也是促进企业创新的重要动力，但是市场化运作促进企业创新还是主要动力。如果城市的土地价格和薪资节节上涨，有些不需要建立在人口稠密中心的产业自然会迁移出去。如果城市创造了更优越的产生高价值活动的可能，必然会吸引创造性人才涌入某个区域。因此，经济杠杆会自然引导城市产业的迁移。与此现象类似，更有效率的城镇化重点技术领域发展过程，允许城市和乡村通过市场机制引入更优良的技术服务，能够促使企业技术创新更良性的发展。

新型城镇化解决现实矛盾的技术的发展应降低对政府资金的依赖，鼓励更多社会资本进入。一是在推进城镇化进程中，各级财政部门可积极拓宽融资渠道，多方筹措城镇化建设资金。如通过财政拨款或注入土地、股权等资产，成立投融资平台公司，通过市场运作等方式，筹措城镇化重点技术领域发展的资金[167]。二是打造新的产业链，让社会资本进入乡村。目前，各级政府通过政策引导，以发展绿色特色小镇、智能特色小镇的建设，千企千镇工程引导房地产企业、各类产业企业成为新型城镇化建设的主力军，不仅使资金产生更大的效益，也使技术转移更顺畅。又如发展乡村养老是朝阳产业，它的发展不仅为城市养老人群提供了"阳关大道"，更为数千万回乡务工和创业人员提供了不可多得的机遇。如果没有巨大新产业的发展，不仅不能实现城乡融合，新技术的运用都可能落空。

四、 强化城镇规划部门、 环保部门和工信部门工作的统筹

城镇化技术是综合性的集成技术，任何单一发展的技术都无法解决新型城镇化的矛盾。规划技术发展的目标就是要实现合理的规划、协调和管理的空间配置。能够控制其经济过程、生态的多样性及社会稳定性、人文资源配置和干扰的扩散等。即便是智能化技术

的推广，也涉及全局。因为所有城市和小镇都不是孤立存在的，数字化的过程把每个人的生活最准确地联系在一起。特色小镇和新型城镇化的发展过程中，需要各个部门和企业合作，实现整体融合。从智能化的基础设施和建筑物开始搭建服务器、终端设备，都不是单项技术，而是需要与规划技术、环境保护技术密切配合。

与新型城镇化技术选择关系最密切的中央政府管理部门是住房和城乡建设部、生态环境部和工业和信息化部。由于规划建设部门负责规划和基础设施建设技术、环境保护部门推广生态绿色技术、工信部门负责智慧城市技术，条块分割的领导体系容易造成资源浪费和矛盾。县、镇一级政府最好设立新型城镇化领导小组，统筹各项工作。同时金融部门和社会保障部门的加入会使硬的技术体系加入各种软技术，更有利于矛盾的化解和统筹安排。

坚决破除体制机制弊端，统筹配置整合各种资源，促进协调发展。如在公共财政方面，打破部门的分割，避免重复投入。需要整合各部门的利益，形成一元化的公共财政计划下达，即公共收支预算、国有资本预算、基金预算和社会保障预算相对独立又互相衔接。看上去是一个技术问题，却带有实质性改革的性质，是触及既得利益格局的制度建设。

总而言之，新型城镇化是中国现代化建设的重要任务之一，是幸福中国的具体体现。根据中国国情探索更多有特色的城镇化模式，也是对世界文明发展的巨大贡献。把创新作为引领发展的第一动力，把改革作为推动发展的关键手段，深入把握时代特征，坚持正确的价值观念，新型城镇化解决现实矛盾的技术才能健康发展。

第六章

结 论

继党的十八大提出新型城镇化发展方向之后，"五化统筹"、绿色小城镇、特色小镇、乡村振兴一系列相关政策纷纷出台，为中国新型城镇化发展指明了探索的方向。中国传统城镇化进程中矛盾与问题的根源在于忽略了社会建构，只将技术作为发展的关键因素。那么新型城镇化的技术建构，应当重视以新的理念为导向，以新的价值目标为评价标准，才能保证技术选择的关键性，进而实现新型城镇化。

中国近五年的新型城镇化发展，主要表现为城镇数目的增加和城镇人口规模的扩大；变化为城市发展与乡村振兴同时进行，实现"化人"的目的。

第一节 新型城镇化的技术选择路径及重点技术领域

本书研究的新型城镇化是以城乡统筹、城乡一体、产业互动、节约集约、生态宜居、和谐发展为基本特征的城镇化。强调的是城乡融合及农村的城镇化进程，并非大中小城市的城镇化，终极目标是城市与乡村无差别（为人提供的生活质量），农村人与城市人没有差别，都走上可持续发展之路，这才是城镇、社会发展的更高目标。新型城镇化的技术选择是基于社会选择的视角，以价值评价标准为原则。

一、 新型城镇化的价值评价标准

新型城镇化不同于传统城镇化的新特征，指明了新型城镇化建

设的目标。新型城镇化价值体系的建构正是基于这些目标的实现，从价值角度进行的探索。

新型城镇化是人类主体根据自身的需要和对客体的认识，改造客观世界的一项实践活动。这一包括主体、客体、中介的实践活动，对于主体来说是具有一定价值的，新型城镇化需要建构包含主体、客体、评价标准的新的价值体系，来适应新型城镇化这一实践活动的新特征。

根据新型城镇化的发展目标，对价值主体进行划分，从农村人与城市人、当代人与后代人、个体与群体几个层面来对新型城镇化的价值主体进行扩展，以此确立新型城镇化的价值主体体系，所有价值主体利益的统一才是新型城镇化进程中主体需求的满足。

从新型城镇化的客体满足主体不同层次需求的角度，来设定客体的价值目标。新型城镇的居民的社会生活应该是和谐的，他们的生活空间必须适宜人居住，而在这样的新型城镇中经济的发展是适度的，既能满足人民美好生活的需要，又能实现经济与环境发展的协调。这三个要素的一些要求是相互影响和制约着的，并存着一些矛盾，因此实现三者间的平衡，解决矛盾，是实现价值客体建构的关键。

根据新型城镇化发展过程中客观存在的、不依赖于价值评价者主观意识的价值事实，尝试建立相对客观的评价标准，符合主体的本质、存在和内在规定性尺度。将"和谐"作为新型城镇化社会价值评价的标准及目标，将"绿色"作为评价人类社会与自然组成的生态系统的标准及目标，将"智能"作为经济发展中的功效价值评价标准的外在表现形式。

二、 基于价值评价标准的技术选择

新型城镇化的技术选择是选择新型城镇化技术体系中最核心的技术，解决城镇化建设过程中价值目标实现与技术手段之间产生的现实矛盾。

新型城镇化应该实现的是基于社会建构的技术建构，对于技术和城市、人的关系的认知直接决定着对新型城镇化技术要素的理解。面对传统城镇化中出现的问题和矛盾，新型城镇化坚持的绿色发展观念与西方城市目前的可持续性发展目标不谋而合。实现新型城镇化，要满足的是农村人与城市人、当代人与后代人、个体与群体利益的统一，要建立的是社会生活和谐的城镇、生活空间宜居的城镇、经济发展适度的城镇。基于此价值评价标准建立的技术支撑体系中解决现实矛盾的技术应该是城镇综合规划技术、绿色技术和智能化技术的综合，其中城镇综合规划技术为纲，绿色技术为本，智能化技术为魂。

城镇化综合规划技术以满足人的和谐的社会生活为标准，既需要通常所指的可操作的硬规划技术，又需要来自于社会科学或者表现形式就是知识、权力、话语、真理的软规划技术。以绿色建筑技术为主体的绿色技术系统还包括节能、节水、无害化等技术，形成一个整体的生态技术系统，来满足生态环境绿色的价值标准。智能化技术，强调将智能技术与中国新型城镇化相结合，实现资源配置的优化，来满足功效价值赋予；它贯穿于城镇化的过程中，无处不在，因此前面提到的城镇综合规划技术、绿色环境技术都有它的影子。

三、 结合新型城镇化实践的技术选择探索

本书以具体的地区——辽阳市辽阳县新型城镇化发展为例，根据其以新型城镇化为引领的统筹实践经验，提出以价值论为基础，三大重点技术领域为引领的新型城镇化的技术路径是实现新型城镇化的可行路径之一，分析了技术发展的应然状态与现实状态的不同，由此得出中国新型城镇化的技术尚处于未成熟的发展阶段。

回顾城镇化发展的历史，分析现实存在的主要矛盾，规划未来的发展目标，根据新型城镇化技术选择原则，找到适合辽阳县实现新型城镇化的技术路径。辽阳县城镇化发展历程与全国发展状况相符，但辽阳县存在着自身特有的问题和矛盾。县域经济发展弱、统筹能力不强；产业结构单一、转型压力大；城乡二元结构突出；土地资源粗放利用。

结合辽阳县的规划技术应用得失与特点，以和谐价值作为评判的标准；以辽阳县生态环境现状及存在的问题，同新型城镇化秉持的可持续发展理念加以对照；以辽阳县信息化现状为基础，分析其

对智能技术的需求。尝试对辽阳县的新型城镇化发展用社会价值、生态价值、经济价值加以评价，结合重点技术领域中的综合规划技术、绿色技术、智能化技术助力辽阳县新型城镇化。

根据理论阐释和辽阳县的案例分析，以建构的价值评价标准为指标，新型城镇化发展之路提出通过顶层设计进行整体规划，认为应该加强规划设计的民主化进程，以软技术促进技术产业化的技术扩散，并且技术的推广应用需要政府统筹与市场化运作相结合，还要强化城镇规划部门、环保部门和工信部门工作的统筹。

第二节　未来研究的可能进路

当新型城镇化发展到一定程度，城市与乡村二元化差别消失，给居住的人提供的物质、精神、生活都是一样的，那城镇化这个词本身就不再有存在的意义，或者说失去了原来的意义。就像欧洲城镇化基本实现，发展的方向就是探究城市的可持续发展、绿色发展，如果我们在新型城镇化的过程中以欧洲的目标为鉴，那么将不仅实现了原来的新型城镇化目标，而且缩小了与发达国家城市发展的距离，人民过上幸福生活的进程也缩短了。本书的研究仅限于如上粗浅的探讨，对城镇化具体的关键技术、技术体系、新型城镇化未来的研究还存在很多的不足。

一、　以三大技术引领的新型城镇化技术体系建构

本书从 STS 视角对基于新型城镇化价值评价标准的技术选择进行了探究，而并没对完整的技术体系实现建构。新型城镇化的发展需要完整的技术体系作为技术应用及推广的指南，需要专家们从专业技术角度对关键技术引领的技术体系进行研究，包括经济学家、社会学者、文化学者、城市规划学者、生态与环境学者、建筑学专家的共同努力。

二、　新型城镇化 STS 研究的未来发展空间

新型城镇化是一项关系中华民族实现中国梦的伟大工程，也是对世界现代化的贡献。以党的十八大之后全国的新型城镇化发展状

况为基础，分析在中国新型城镇化发展的道路上，技术发展的国家政策及理论界的相关理论与实践的符合程度，是否能够指导实践，实践检验过后，这些技术政策与理论是否完全正确，都为 STS 研究提供了最为前沿的研究课题。本书只是从价值论的视角对技术选择做了些许探讨，未来的新型城镇化的技术选择原则和标准还可以做哪些探讨，中国目前新型城镇化的绿色技术发展之路与国外可持续发展、绿色发展之路存在的异同点，智能化技术在新型城镇化的建设中的应用，中国是否可以弯道超车等，都是非常有价值的研究问题。

参考文献

［1］ 辜胜阻.新时代城镇格局需要创新治理机制［EB/OL］.（2017－11－17）［2018－02－06］.https://mp.weixin.qq.com/s? __biz = MzIxOTU3NjE1OQ% 3D% 3D&idx = 1&mid = 2247484344&sn = 91428908bf68daab094b84b912bc2655.

［2］ 中国城市和小城镇改革发展中心课题组.中国城镇化战略选择政策研究［M］.北京：人民出版社，2013.

［3］ 沈清基.论基于生态文明的新型城镇化［J］.城市规划学刊，2013（1）：29－36.

［4］ 林聚任，王忠武.论新型城乡关系的目标与新型城镇化的道路选择［J］.山东社会科学，2012（9）：48－53.

［5］ 厉以宁，程志强.中国道路与新城镇化［M］.北京：商务印书馆，2013.

［6］ 田静.新型城镇化评价指标体系构建［J］.四川建筑，2012（4）：47－49.

［7］ 宁健坤.从城镇化到城乡一体化［EB/OL］.（2013－12－04）［2018－02－07］.http://www.ftchinese.com/story/001053747? full = y#utm_campaign = 1D130201&utm_source = marketing&utm_medium = campaign.

［8］ 黄育川.让市场力量决定城镇化进程［EB/OL］.（2014－04－02）［2014－10－01］.http://www.ftchinese.com/story/001055572? full2014－4－2.

［9］ 冉启秀，周兵.新型工业化和新型城镇化协调发展研究［J］.重庆工商大学学报，2008（2）：39－45.

［10］　吴江,申丽娟.重庆新型城镇化路径选择影响因素的实证分析
　　　　［J］.西南大学学报(社会科学版),2012(2):151-176.

［11］　牛晓春,杜忠潮,李同昇.基于新型城镇化视角的区域城镇化水
　　　　平评价:以陕西省 10 个省辖市为例［J］.干旱区地理,2013(2):
　　　　354-363.

［12］　张占仓,孟繁华,杨迅周.河南省新型城镇化实践与对策研究综
　　　　述［J］.管理学刊,2012(4):102-106.

［13］　刘宝福,庞桂美,季秋轩,等.价值论视域中的新型城镇化建设
　　　　面临的问题及反思［J］.南华大学学报(社会科学版),2016
　　　　(4):31-36.

［14］　陈永亮,陈士勇.新型城镇化中价值理性的复归［J］.人民论坛,
　　　　2014(7):215-217.

［15］　赵峥.中国城镇化发展的多维价值［J］.城市观察,2012(3):165
　　　　-171.

［16］　马健.论中国城镇化建设的价值取向［J］.福建广播电视大学学
　　　　报,2014(2):56-60.

［17］　王勇.中小城市新型城镇化之路的思考:基于"价值"模型的视
　　　　角［J］.江苏商论,2015(11):80-84.

［18］　钱玉英,钱振明.走向空间正义:中国城镇化的价值取向及其实
　　　　现机制［J］.自然辩证法研究,2012(2):61-64.

［19］　韩文军.城镇化视角下乡村文化价值的发展策略［J］.人民论
　　　　坛,2015(11):184-186.

［20］　范欣,杨静.城镇化进程中乡村文化价值建设存在的问题及对
　　　　策［J］.邢台学院学报,2014(1):56-57.

［21］　李迎成,赵虎.理性包容:新型城镇化背景下中国城市规划价值
　　　　取向的再探讨:基于经济学"次优理论"的视角［J］.城市发展
　　　　研究,2013(8):29-33.

［22］　田宝江.新型城镇化背景下城市设计的核心价值探讨［J］.南方
　　　　建筑,2015(5):6-9.

［23］　许丽斌.新型城镇化过程中社区体育的文化价值取向［J］.南京
　　　　体育学院学报(自然科学版),2014(4):140-143.

［24］ 高万辉.新型城镇化下的大城市边缘社区公共空间价值探讨［J］.经济地理,2016(9):72-76.

［25］ 江波."以人为核心"的城镇化:内涵、价值与路径［J］.苏州大学学报(哲学社会科学版),2017(3):41-47.

［26］ 毛小扬.以人为本:新型城镇化建设的价值坐标［J］.科学·经济·社会,2014(1):166-170.

［27］ 王洪元.新型城镇化体现人的价值回归［J］.管理观察,2014(7):31-32.

［28］ 袁建新,郭彩琴.新型城镇化:内涵、本质及其认识价值:十八大报告解读［J］.苏州科技学院学报(社会科学版),2013(3):17-23.

［29］ 胡春林.技术进步、结构变迁与城镇化发展［J］.南阳理工学院学报,2015(1):37-41.

［30］ 马侃.产业结构视角下技术进步对山西省新型城镇化影响研究［D］.太原:太原理工大学,2015.

［31］ 叶晓东,杜金岷.新型城镇化与经济增长:基于技术进步角度的分析［J］.科技管理研究,2015(5):185-189.

［32］ 胡雪萍,李丹青.技术进步、新型城镇化和就业:基于省际面板数据的经验分析［J］.华东经济管理,2015(12):62-66.

［33］ 朱万里,郑周胜.城镇化水平、技术进步与碳排放关系的实证研究:以甘肃省为例［J］.财会研究,2014(6):72-75.

［34］ 赵永平,徐盈之.新型城镇化、技术进步与产业结构升级:基于分位数回归的实证研究［J］.大连理工大学学报(社会科学版),2016(2):56-64.

［35］ 李斌,吴书胜,朱业.农业技术进步、新型城镇化与农村剩余劳动力转移:基于"推拉理论"和省际动态面板数据的实证研究［J］.财经论丛,2015(10):3-10.

［36］ 罗小锋,袁青.新型城镇化与农业技术进步的时空耦合关系［J］.华南农业大学(社会科学版),2017(2):19-26.

［37］ 彭竞,许二歌.城镇化的农业技术进步效应:基于中国时序数据的经验研究［J］.农业经济,2015(2):10-12.

[38]　中国建筑西南设计院有限公司"城镇化建设"课题组.建筑技术在新型城镇化建设中的运用[J].建筑设计管理,2013(9):16-19.

[39]　葛赢,高瑞侠,姜露露.基于新型城镇化下的乡村景观规划与建设技术研究:以新沂窑湾镇刘宅村为例[J].中外建筑,2016(5):104-109.

[40]　常春勤,乔旭宁.快速城镇化背景下乡村空间布局优化技术体系构建[J].中国农学通报,2014,30(11):62-66.

[41]　石铁矛,李绥.基于空间信息技术的城镇化生态风险预警研究:以南充市为例[J].城市规划,2012(2):51-57.

[42]　苏亚晓,丁玲.信息技术推动中国新型城镇化的途径探讨[J].企业技术开发,2016(8):82-83.

[43]　冯向荣.智能网络技术在新型城镇化建设中的研究[J].电脑知识与技术,2014(4):698-699.

[44]　程雪峰.基于土地城镇化空间分类的多规空间对接技术研究[D].沈阳:沈阳农业大学,2016.

[45]　李桂松.广东省城镇化技术集成运营模式探讨[J].广东科技,2004(12):22-27.

[46]　张墨琴.兼顾不发达、次发达和发达地区,做到"一个概念,两个落实,三个突出":解读广东"城镇化技术集成应用试点"工作[J].广东科技,2005(Z1):9-14.

[47]　何静,马磊.扫描试点镇:城镇化技术集成之概况[J].广东科技,2005(Z1):15-24.

[48]　广东省科技厅.集体亮相:广东省城镇化技术集成应用试点逐个看[J].广东科技,2009(1):8-15.

[49]　潘慧.新规划、新产业、新城镇:记广东省城镇化技术集成应用试点佛山市南海区狮山镇[J].广东科技,2009(1):45-48.

[50]　武丹橘.营建绿色环保城镇,让信息科技植入农村经济:东源县顺天镇城镇化技术集成应用试点工作综述[J].广东科技,2009(1):54-55.

[51]　郑玉亭.实施城镇化技术集成应用试点过程中应注意的几个问

题[J].广东科技,2009(1):71-73.

[52] 别鹏举,苏燊燊,李志方.中国汽车空调行业淘汰 HFC-134a 技术选择与政策建议[J].气候变化研究进展,2015,11(5):363-370.

[53] 陈雯,苗双有.中间品贸易自由化与中国制造业企业生产技术选择[J].经济研究,2016(8):72-85.

[54] 慕艳芬,聂佳佳,马祖军.面向异质性消费者企业低碳技术选择研究[J].工业工程与管理,2015,20(3):51-59.

[55] 刘剑凌.论技术的社会选择[D].南昌:南昌大学,2007.

[56] 凌小萍.技术发展的社会选择研究[D].南宁:广西大学,2004.

[57] 高悦.核电技术发展的社会选择问题研究[D].哈尔滨:哈尔滨工业大学,2014.

[58] 孙大为,张广艳,郑伟民.大数据流式计算:关键技术及系统实例[J].软件学报,2014,25(4):839-862.

[59] 闫克平,李树然,冯卫强.高电压环境工程应用研究关键技术问题分析及展望[J].高电压技术,2015(8):2528-2544.

[60] 孙丽,王维宪,胡赟.室内空气净化关键技术研究[J].环境保护与循环经济,2012(11):44-47.

[61] 周远翔,赵健康,刘睿.高压、超高压电力电缆关键技术分析及展望[J].高电压技术,2014(9):2593-2612.

[62] 王永胜.焦化行业节能减排关键技术选择初步研究[J].煤质技术,2016(1):48-52.

[63] 朱学彦.基于技术预见的生态环境领域关键技术选择与策略:以上海为例[J].创新科技,2015(2):37-39.

[64] 刘书雷,赵海洋,石东海.国防关键技术选择体系框架和应用方法研究[J].科技管理研究,2016(12):192-196.

[65] 赵海洋,刘书雷,石东海.国防关键技术选择中备选技术清单研究[J].国防科技,2017(1):33-37.

[66] YUKI K. Urbanization, informal sector, and development[J]. Journal of Development Economics,2007,84(1):76-103.

[67] MIMET A, RAYMOND R, SIMON L, et al. Can designation

without regulation preserve land in the face of urbanization? a case study of ZNIEFFs in the Paris region[J].Applied Geography,2013(45):342-352.

[68] MURATA Y.Rural-urban interdependence and industrialization [J].Journal of Development Economics,2002(68):1-34.

[69] COURTNEY P, MAYIFIELD M, TRANTER R, et al. Small towns as "sub-poles" in English rural development:investigating rural-urban linkages using sub-regional social accounting matrices[J].Geoforum,2007(38):1219-1232.

[70] SADORSKY P.Do urbanization and industrialization affect energy intensity in developing countries[J].Energy Economics,2013 (37):52-59.

[71] BRÜCKNER M.Economic growth, size of the agricultural sector, and urbanization in Africa[J].Journal of Urban Economics, 2012(71):26-36.

[72] FAHMI F Z,HUDALAH D,RAHAYU P,et al.Extended urbanization in small and medium-sized cities:the case of Cirebon,Indonesia [J].Habitat International,2014,42:1-10.

[73] EPSTEIN T S,JEZE D.Development there is another way:a rural -urban partnership development paradigm[J].World Development,2001(29):1443-1454.

[74] VICTOR O U,HOPE E N.Rural-urban "symbiosis", community self-help, and the new planning mandate:evidence from Southeast Nigeria[J].Habitat International,2011(35):350-360.

[75] MUKHERJEE A,ZAHGN X.Rural industrialization in China and India:role of policies and institutions[J].World Development,2007(35):1621-1634.

[76] BAHIIGWA G, RIGBY D, WOODHOUSE P. Right target, wrong mechanism? agricultural modernization and poverty reduction in Uganda[J].World Development,2005(33):481-496.

[77] 亨利·丘吉尔.城市即人民[M].吴家琦,译.武汉:华中科技大

学出版社,2017.

[78] 美国城市规划协会.城市设计技术与方法[M].杨俊宴,译.武汉:华中科技大学出版社,2016.

[79] 史蒂夫·派尔,克里斯托弗·布鲁克,格里·穆尼.无法统驭的城市:秩序与失序[M].张赫,高畅,杨春,译.武汉:华中科技大学出版社,2016.

[80] 费林·加弗龙,格·胡伊斯曼,费朗茨·斯卡拉.生态城市:人类理想居所及实现途径[M].李海龙,译.北京:中国建筑工业出版社,2016.

[81] 朱迪丝·德·容.新型城市郊区化[M].张靓秋,宫本丽,译.武汉:华中科技大学出版社,2016.

[82] 阿维·弗里德曼.中小城镇规划[M].周典富,译.武汉:华中科技大学出版社, 2016.

[83] 马茨·约翰·伦德斯特伦,夏洛塔·弗雷血德里克松,雅各布·维策尔.可持续的智慧:瑞典城市规划与发展之路[M].王东宇,马琦伟,刘溪,等译.南京:江苏凤凰科学技术出版社,2016.

[84] BIANCHINI F, CHILARDI L. Thinking culturally about place [J]. Place Branding and Public Diplomacy,2007(4):280-286.

[85] GRANT J. The Drama of Democracy:Contention and Dispute in Community Planning[M]. Toronto:University of Toronto Press, 1994.

[86] MCDONALD R I. Global urbanization:can ecologists identify a sustainable way forward? [J]. Frontiers in Ecology and the Environment,2008,6(2):99-104.

[87] REUBEN S, ROSE-REDWOOD. Genealogies of the grid[J]. The Geographical Review,2008(1):42-58.

[88] THORKILD G, AERO T. Urban policy in the Nordic countries: national foci and strategies for implementation [J]. European Planning Srudies,2008:1.

[89] SVENDSEN G L H. Socio-spatial planning in the creation of bridging social capital:the importance of multifunctional centers

for intergroup networks and integration[J].International Journal of Social Inquiry,2010,3(2):45-73.

[90] FRANK W G.Technological transitions as evolutionary reconfiguration processes:a multi-level perspective and a case-study [J].Research Policy,2002(31):1257-1274.

[91] CHARLES J K.Policy instruments for a sustainable built environment[J].J.Land Use & Envtl.L.,2002(17):379-393.

[92] Department for Communities and Local Government.The future of the code for sustainable homes:London[R].2007.

[93] DE-MIGUEL-MOLINA B,HERVAS-OLIVER J-L,BOIX R, et al.The importance of creative industry agglomerations in explaining the wealth of European regions[J].European Planning Studies,2012,20(8):1263-1280.

[94] HORLINGSA L G,MARSDEN T K.Towards the real green revolution? Exploring the conceptual dimensions of a new ecological modernisation of agriculture that could "feed the world" [J]. Global Environmental Change,2011(21):441-452.

[95] 李从军.迁徙风暴城镇化建设启示录[M].北京:新华出版社, 2013.

[96] 喻新安,吴海峰.新型三化协调论[M].北京:人民出版社,2012.

[97] 彭红碧,杨峰.新型城镇化道路的科学内涵[J].理论探索,2010 (4):75-78.

[98] 耿明斋.城镇化引领"三化"协调发展[M].北京:社会科学文献 出版社,2012.

[99] 程必定.统筹城乡协调发展的新型城市化道路:兼论成渝试验 区的发展思路[J].西南民族大学学报,2008(1):98-102.

[100] 厉以宁.中国道路与新城镇化[M].北京:商务印书馆,2012.

[101] 蒋晓岚,程必定.中国新型城镇化发展阶段性特征与发展趋势 研究[J].区域经济评论,2013(2):130-135.

[102] 刘海平.新型城镇化内涵探析[J].决策探索,2012(7):31-32.

[103] 朱烨,卫玲.产业结构与新型城市化互动关系文献综述[J].西

安财经学院学报,2009(5):113-117.

[104] ARTHUR W B.The structure of invention[J].Research Policy,2007(3):276.

[105] 陈红兵,陈昌曙.关于"技术是什么"的对话[J].自然辩证法研究,2001(4):16-19.

[106] FOUCAULT M.Power:the essential works of Michel Foucault 1954—1984[M].New York:The New Press,2000.

[107] 金周英.技术制度的创新与软技术[J].国际技术经济研究,2002(4):25-32.

[108] 鞠晓伟.基于技术生态环境视角的技术选择理论及应用研究[D].长春:吉林大学,2007.

[109] 袁凤飞.基于技术体系的技术选择问题研究[D].上海:同济大学,2006.

[110] 王敏.基于工具理性与价值理性关系的技术选择问题研究[D].长沙:湖南大学,2009.

[111] 中国城市化进程[EB/OL].(2013-02-02)[2018-01-22].https://baike.so.com/doc/ 2215390 -2344209.Html.

[112] 宁越敏.新城市化进程:90年代中国城市化动力机制和特点探讨[J].地理学报,1998,53(5):470-477.

[113] 曾尊固,俞彩萍.南通县农村产业结构变化劳动力转移和城镇化发展[J].地理学报,1989,44(1):68.

[114] 杜宁,赵民.发达地区乡镇产业集群与小城镇互动发展研究[J].国际城市规划,2011(1):28-36.

[115] 许学强,胡华颖.对外开放加速珠江三角洲市镇发展[J].地理学报,1988(3):201-212.

[116] 刘士林.什么是中国式城市化[N].光明日报,2013-02-18(05).

[117] 辜胜阻,杨威.反思当前城镇化发展中的五种偏向[J].中国人口科学,2012(3):2-8.

[118] 陆长平.对新古典经济学技术选择"悖论"的理论反思[J].财经理论与实践,2002,23(5):9-13.

［119］ 林毅夫,董先安,殷韦.技术选择、技术扩散与经济收敛［J］.财经问题研究,2004(6):3-10.

［120］ FLECK J.Learning by trying:the implementation of configurational technology［J］.Research Policy,1994(23):637-652.

［121］ 远德玉,陈昌曙.论技术［M］.沈阳:辽宁科学技术出版社,1986.

［122］ ARTHUR P J M.Ecological modernization:industrial transformations and environmental reform［C］//The international handbook of environmental sociology.Edward Elgar Publishing,Inc,1997:138-147.

［123］ 巴克拉捷.近代德国资产阶级哲学史纲要［M］.涂纪亮,译.北京:中国社会科学出版社,1980.

［124］ 马克思,恩格斯.马克思恩格斯全集:第 26 卷 Ⅲ［M］.中共中央马克思恩格斯列宁斯大林著作编译局,编译.北京:人民出版社,1974.

［125］ 李德顺.价值论:一种立体性的研究［M］.北京:中国人民大学出版社,2013.

［126］ 熊鹏.从自然价值论看罗尔斯顿的整体生态观［J］.企业家天地,2012(1):194.

［127］ 赵志强.发展与代价的价值论思考［J］.云南财经大学学报,2010(5):31-34.

［128］ World Commission on Environment and Development.Our common future［M］.New York:Oxford University Press,1987.

［129］ 张泽义.环境污染、长江经济带绿色城镇化效率及其影响因素:基于综合城镇化视角［J］.财经论丛,2018(2):3-10.

［130］ 刘玉红,杜玉申,王希庆.解决资源代际问题的制度思考［J］.经济与管理,2010(1):21-26.

［131］ 郭建宁.关于个体主体与群体主体的若干思考［J］.青海社会科学,1992(1):43-46.

［132］ 韩民青.个体与群体是一对重要的哲学范畴［J］.东岳论丛,1996(2):51-56.

［133］ 曾文.转型期城市居民生活空间研究:以南京市为例［D］.南京:南京师范大学,2015.

［134］ 丁浩,余志林,王家明.新型城镇化与经济发展的时空耦合协调研究［J］.统计与决策,2016(11):122-125.

［135］ 朱越浦,黄新建.城镇化对经济发展的影响及其渠道研究［J］.运筹与管理,2016(2):268-275.

［136］ 孙翘.中意两国对于城镇质量问题研究的比较［D］.上海:同济大学,2014.

［137］ 程宝良,高丽.论生态价值的实质［J］.生态经济,2006(4):32-34.

［138］ 严曾.生态价值浅析［J］.生态经济,2001(10):16-18.

［139］ 胡安水.生态价值的含义及其分类［J］.东岳论丛,2006(2):172-174.

［140］ 周晓敏,杨先农.绿色发展理念:习近平对马克思生态思想的丰富与发展［J］.理论与改革,2016(5):50-54.

［141］ 杨洋.中国区域工业化与交通资源配置协调研究［D］.北京:北京交通大学,2013.

［142］ 吴婷.生态规划理念对滨海新区空间布局的引导［J］.城市,2015(6):70-72.

［143］ ERCOSKUN O Y, KARAASIAN S.Guidelines for ecological and technological built environment:a case study on Gudul-Ankara, Turkey［J］.Gazi University Journal of Science,2011,24(3):617-636.

［144］ 十九大后中国城镇化发展新动向［EB/OL］.(2017-12-11)［2018-02-09］.http://finance.ifeng.com/a/20171211/15859914_0.shtml.

［145］ 迈克尔·P.布鲁克斯.写给从业者的规划理论［M］.叶齐茂,倪晓晖,译.北京:中国建筑工业出版社,2013.

［146］ 布伦丹·格利森,尼尔·西普.创建儿童友好型城市［M］.丁宇,译.北京:中国建筑工业出版社,2014.

［147］ 钮心毅,王垚,丁亮.利用手机信令数据测度城镇体系的等级

结构[J].规划师,2017(1):50-56.

[148] 罗珂.规划梳理中的大数据应用与探讨:以从化市规划梳理为例[J].小城镇建设,2016(4):38-49.

[149] 张健,陈明敏.基于智能出行大数据的城市空间活跃区分析及其应用[J].规划师,2007(1):65-72.

[150] 高悦尔,郑承于,边经卫.基于 FCD 数据的厦门城市旅游基础设施空间布局[J].规划师,2017(1):80-84.

[151] 中华人民共和国住房和城乡建设部.绿色建筑评价标准(GB/T 50378—2014)[S].北京:中国建筑工业出版社,2014.

[152] 马素贞.绿色建筑技术实施指南[M].北京:中国建筑工业出版社,2016.

[153] 丹尼尔·D.希拉.新生态住宅:绿色建筑完全指南[M].管振忠,薛一冰,译.北京:中国建筑工业出版社,2016.

[154] 王俊,王清勤,叶凌.国外既有建筑绿色改造标准和案例[M].北京:中国建筑工业出版社,2016.

[155] 王思思,张丹明.澳大利亚水敏感城市设计及启示[J].中国给水排水,2010,26(20):64-68.

[156] 胡虎,赵敏,宁振波,等.三体智能革命[M].北京:机械工业出版社,2016.

[157] 陆容立.欧洲智慧城市实践中的主体互动关系研究[D].上海:同济大学,2014.

[158] 钟义信.人工智能:信息技术的制高点　献给《中兴通讯技术》创刊 20 周年[J].中兴通讯技术,2015(3):1-3.

[159] 李德仁,邵振峰,杨小敏.从数字城市到智慧城市的理论与实践[J].地理空间信息,2011(6):1-5.

[160] 李兵弟.中国城乡统筹规划的实践探索[M].北京:中国建筑工业出版社,2011.

[161] 常青.超级公路! 全球首条高速公路光伏路面试验至今性能良好[EB/OL].(2018-04-03)[2018-04-03].http://www.dzwww.com/shandong/sdnews/201804/t20180403_17221137.htm.

［162］ 梁海东.基于智能化的机械设备设计［J］.装备制造技术,2014
（8）:272-273.

［163］ 董娇娇,王琳.无人机摄影测量及在城市规划中的应用［J］.中
外建筑,2017(8):103-107.

［164］ 赵哲身.建筑智能化节能技术［M］.上海:同济大学出版社,
2013.

［165］ 陈敏.城市基础设施用地集约化研究:邻避基础设施部分［D］.
上海:同济大学,2014.

［166］ 李明惠,倪红.新型城镇化背景下:南京发展绿色建筑技术对
策研究［J］.建设科技,2013(14):46-49.

［167］ 李彬.唐山支持新型城镇化发展的财政对策研究［J］.技术与
市场,2014(8):328.